自閉症児のための
明るい療育相談室
親と教師のための楽しいABA講座

奥田健次
小林重雄
［著］

学苑社

はじめに

本書は、いつも「自閉症児、大好き！」と言いながら、日もすがら教育支援を行なっている著者二人によるQ&A集です。親御さんや学校の先生からいただく、よくある質問の中から、似通ったものをまとめて取り上げてみました。これらの質問は本当によくあるのです。

自閉症といっても100人いれば100人それぞれです。好みも違えばこだわりも違います。ですから、本書の回答が「絶対」を保証するものではないということを、あらかじめご理解しておいていただきたいと思います。ただし、行動の基本原理については、障害のあるないにかかわらず「共通」するところがあるのです。この基本原理さえ押さえておけば、あとはちょっとした工夫ひとつで何とかなるものなのです。とにかく、親も教師も「少しでも良くしたい」という思いは共通しているところでしょう。

行動療法や応用行動分析（ＡＢＡ）の諸技法については、他の専門家からの誤解や偏見が数多く見受けられます。また、一般の親や教員からも「冷たい方法」とか「アメとムチ」などといった、単純な思い込みや感情的な批判があります。これは、それこそ行動の基本原理や基礎研究に対する「無知」に基づくものといえるでしょうが、肝心の行動療法家にも基礎教育や臨床指導が十分に行なわれていない面もあり、行動療法家自身、反省をしなければならないところでしょう。

本来、行動の原理に基づいた教育方法は、古き良き教育方法だといえるのです。やって良いことや悪いことを、その行動に応じて本人に結果を示してあげるのです。古き良き教育者の伝え方は厳格で徹底的だったと思いますが、手間暇をかけるのを惜しまずに、その子どもが修得できるようになるまで、じっくり時間をかけて教育していたのです。

さて、子どもを無条件に受容するのでもなく、一方的に否定するのでもなく、ひたすらその子どもに合った目標や指導方法を探して、目標に到達できるまでお付き合いするのが、行動療法や応用行動分析の基本姿勢だといえます。

本書では、一つの質問について二つの回答を用意しました。著者の二人が、それぞれ交代交代に回答しています。冒頭でも述べましたが、子どもは100人100様ですので、同じような問題についても答えは100種類以上あるかもしれません。行動療法や応用行動分析の発想は、「5＋5＝10」というのではありません。「□＋□＝10」を解くようなものが、行動療法や応用行動分析の実践の特徴だといえます。和が10になれば、□の中に入れる数字は何でも構わないのです。つまり、答えは無限にあるというわけです。

ですから、読者の皆さまには「二つの回答のうちのどちらが正解か」という読み方ではなく、「こういった方法もあるんだな」「こういった発想もあるんだな」という読み方をしていただきたいと願っています。実際、著者の二人も「他にも別のやり方があるんだけどなあ」と思いながら、代表的な質問に代表的な回答をしているのです。

また、本書は発達障害の有無にかかわらず、診断を受けたこともない一般的な発達の子どもさんの指導やしつけにも役立つところがあると思います。実際に、著者らの子育てについての助言は、一般的な子どもさんについても大いに有効であるからです。行動の原理の基礎部分について、障害の有無は関係ないからでしょう。

最後に、いろいろな質問に対して誤魔化しをせず、明解に回答する著者二人の発想法や提案する具体的な方法について、読者がほんの少しでも「クスリ」と笑っていただけるならば、明るい相談室の著者二人にとって、これ以上のよろこびはありません。本書が、明るい支援の一助となることを祈念いたします。

奥田健次
小林重雄

目次

第5章 行動編――困った行動との付き合い方 125

装丁・本文デザイン／プリントハウス　イラスト(装丁・本文)／小島剛

第１章 生活編

毎日の生活を楽しく

Q1 Question

「寝ぐずり」と「夜泣き」が激しくて困っています。

もうすぐ1歳になる男の子です。最近、広汎性発達障害（自閉症）の疑いがあると言われました。いま一番困っていることは、寝ぐずり・夜泣きがひどいことです。お母さんかお父さんが、おんぶか抱っこをしないと寝てくれません。横に寝かせようとすると、目が覚めて泣き出してしまいます。断乳してから、ずっとこの状態が続いています。毎晩たいへんですが、どうしたらよいでしょうか？

A Answer

奥田式 毛布をサンドイッチしてみましょう

まずは環境面について説明します。最近、子どもに運動的な負荷をかけない家庭が多いなと思います。日中にプールで泳がせたり、公園を歩かせたりと、負荷をかけておくと、夕食を食べた後くらいにウトウトするタイミングができます。しかし、このときに親御さんは部屋を明るくしたままで、まだ寝かせようとはしません。日本では、だいだい21時くらいに寝かせてもらう幼児が多いというデータがあります。欧米では、19時くらいから子どもを寝かしつけ、21時くらいにはほとんどの子どもが寝ているそうです。子どもの夜更かしは、大人の寝かしつけに原因があると考えてよいでしょう。

親御さんの話を聞いてみると、家の中がまだ明るく、リビングからはテレビが大音量を出しているような環境にあることが少なくありません。そのため、赤ちゃんが寝るタイミングを逸している場合があるのです。だから親がそろそろ寝て欲しいと思う時間の21時とか22時頃になって「寝てくれ～」と思っても、なかなか子どもは寝ないのです。子どもに寝て欲しいと思う1時間前くらいから、眠りに近づくための援助が必要なのです。

部屋を暗く静かにし、睡眠のリズムを確立するための環境づくりはとても重要でしょう。また日中に、身体の運動をさせて負荷をかけることももちろん大事です。これは子どもの成長においても大切なことです。

次は寝かせるためのテクニックです。縦で抱っこしたまま寝ているのであれば、縦の形か、お母さんにしがみついた状態で寝ること、このどちらかが習慣的に癖になっている場合も考えられますね。

ですから、今後はお母さんが抱っこするときに、お母さんと子どもの間に毛布や抱き枕など布系のものを入れてみてください。お母さんと赤ちゃんで毛布などをサンドイッチにした状態です。赤ちゃんが毛布にしがみついた状態で抱いたり、膝の上で寝かしたりしてみます。

間に挟むというところがポイントです。抱っこした状態なら眠れるわけです。しかし、これからは「抱っこした状態＋毛布に抱きついた状態」を続けるのです。それでも、子ども抱っこした状態であるのには代わりありませんので、子どもは眠ってくれるでしょう。いつの間にか「毛布に抱きついた状態」が機能するようになり、あたかも毛布にお母さんが乗り移ってしまうかのようになれば、お子さんは抱っこされた感覚で寝られるようになるでしょう。

間に挟んだ毛布で安心できるようになってくれば、抱き方もだんだんと斜めにしていって、斜めからだんだんと沈んでいき、最後はそっと毛布にしがみつかせたまま横にしてしまいます。最終的には、布団のある部屋でタオルケットや抱き枕を抱えた状態のまま横になって寝られるようにしていくという流れです。

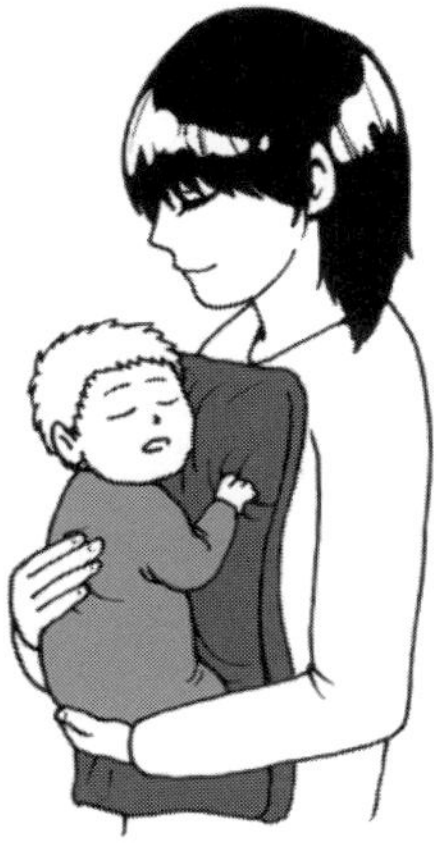

小林式 リクライニングテクニックを使ってみましょう

赤ちゃんの寝かし方には2種類あります。

「両親のどちらかが抱っこかおんぶしていないと寝てくれませんでした」という育てにくかった場合（ケース①）と、「おっぱいをあげて放っておくと、勝手に寝て、手がかかりませんでした」という育てやすかった場合（ケース②）に分けて考えます。

ケース①の場合は縦型適応です。ベッドに寝かせるとすぐに泣いてしまうのです。抱っこしながら「寝た、寝た」と、そっとベッドに移してもワッと泣いてしまいます。そして慌ててまた抱っこするとスースーと寝てしまいます。

ケース②の場合は横型適応です。抱っこしたり、余計に何かをしてあげる必要はありません。子どもとしては、おとなしく寝かしておいてほしいのです。

ケース①は、通常の睡眠習慣と違う形でのこだわりですから、育てにくい、よく泣く子になってしまいます。極端な言い方をすれば柱に布団を巻いて柱におんぶさせてもいいわけです。常識的には布団に傾斜をつけるなどリクライニング効果で対応するといいでしょう。

ケース②は通常の睡眠習慣に合致しているので育てやすいのですが、「いいこ、いいこ」と育てていると、かかわりの接点が少なくなってしまいます。親との接触が少ないのも問題です。

このような子どもの場合は、かかわりを深めるためにも逆にちょっかいを出して泣かしてしまうことも必要かもしれません。

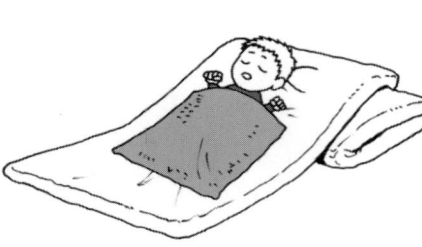

Q2 Question

そろそろ一人寝をさせたいのですが、可能でしょうか？

６歳になった息子です。これまでずっと母親の私と一緒に寝ていたのですが、もうすぐ１年生。何度か一人で寝させてみようと試してみたのですが、私を追いかけてきて一人で寝てくれません。なんとかして、一人寝できるようにしたいのですが、どうしたらよいでしょう。

Answer

小林式 まずはお母さんと離れさせましょう

お母さんにくっついたり、後追いしたりするときは、子どもと身近でお母さん以外の人（お父さん、おばあちゃん、おじいちゃんなど）と密着させることを考えましょう。まずはお母さんと分離することが鍵となります。例えば、お母さんは、子どもと接する際にわざと怖い態度や恐ろしい顔をしたりします。そして、お父さんはニコニコしながら「何でも言うことを聞いてあげるよ」という態度をとると、子どもはお父さんにグーッと接近してくるようになります。

お父さんに限らず、おじいちゃん、おばあちゃん、きょうだいなどにも協力してもらい、お母さん以外の多くの人と密着関係をつくっていきましょう。

こうすることで、段階的にお母さんと離していくことが可能になります。密着関係をつくることができる親しい人が多ければ多いほど、お母さんと離れていても、子どもが一人で寝られるようになっていきます。お母さんの負担を複数に分散させることが大切です。密着関係を複数にして子どもを慣れさせることで可能になります。

また人の代わりに物を利用しても大丈夫です。例えば、お母さんとその男の子がいつも横になって寝ているような場合、間に抱き枕みたいなものを挟んで密着してみます。

最終的には、抱き枕から子どもが離れていけばいいのですが、そのまま抱き枕が残ってしまってもかまいません。いらなくなったら子どもは捨てるでしょうし、「それがなくては寝られない」と子どもが言っても、別に問題ありません。

ここでは「睡眠の問題」としてとりあげていますが、睡眠以外（トイレにくっついてくる、外出先にもくっついてくるなど）の他の問題でも基本は同じです。お母さん以外の人と密着関係をつくることによって解決に結びつくでしょう。

奥田式

親の固い決意が必要です

ここで紹介する方法はかなり厳しいやり方ですが、欧米では子どもが3歳くらいになるとよく行なわれる方法です。この厳しいやり方がきちんと実行できる親御さんかどうか、小林先生のように段階的にやった方がいいのかどうか、親御さんや子どもの状況によってアレンジしています。「必ずこうしてください」というものではありませんが、行動の原理から言っても以下に説明することは有効であることに違いはありません。

一人寝させるという日を、ある日から始めるわけですが、その日、親御さんはベッドや布団でいつもと同じように「よしよし、おやすみなさいね」というふうにしてあげます。

でも、普段だとそのまま一緒に寝てあげていたところを、その日からは「おやすみ」と部屋から速やかに出て、外から鍵をかけます。子どもは「お母さ～ん！」などと追いかけてくるかもしれません。でも、鍵をかけているので部屋の外に出られません。「開けろ～、開けろ～！」と泣き叫びながら暴れまわるかもしれません。

確かに厳しい方法ですが、冷静に様子を見てみましょう。1日目に泣きわめいていた時間が、例えば1時間だったとしたら、2日目は泣きわめくのが20分くらいになり、3日目になると自分から「おやすみ」と言うようになることもあります。子どもさんによっては1週間くらいかかることもありますが、1日の例外もなく「おやすみ」の挨拶をした後に一人寝をさせ続けられれば、最後には諦めて寝るようになります。

成功させるためには、何が起こってもドアを決して開けないことが重要です。そして発語のあるなしにかかわらず、子どもの寝る時間を決めておくのがポイントです。必ず部屋の中は安全にしておきましょう。窓も危なくないようにしておきます。それから、子どもが電気を勝手につけたり消したりできないように必要であれば工夫しておきます。

ドア越しに子どもがスヤスヤと寝入った様子ならば、起こさないように布団をかけてあげましょう。もし、子どもが布団の中で寝ないことが心配でしたら、しばらくのうちは部屋中に布団を敷いておくのも良いでしょう。ドアが開かないのですから、最後には布団で寝てしまうのです。

「一人寝させる」ということは、「おむつをはずす」と決めたその日から思い切って実行することと同じで、「一人で寝かせる」と決めたら、子どもとの押し合いへし合いをしないということが大事です。

つまり、子どもが「ママ来て！　ママと一緒に寝たい！」と言ったときに、お母さんは「一人で寝ようね」と言いますね。でも、子どもは「ママと寝たい」と言い続け、お母さんはそのたびに「ダメよっ」と言い、押し問答が続きます。いくら説得しても納得するわけがないものを延々と説得し続けるのは悪い方法です。

もし、ここで紹介した厳しい方法でやるなら、もうスパッと子どもと別れてしまう覚悟が必要です。この方法を親御さんに説明するときは、30分くらいの時間をかけて具体的に説明しています。「親御さんが見たことないくらいに子どもは泣きますよ。見たことないくらい怒りますよ。それから頭をガンガンやるかもしれませんよ」とあらゆる可能性を説明した上で、「それを乗り切ることができますか？」と確認します。その上で、親御さんが「やります！」と強い決心のもと実行するから成功するのです。心配そうにしている親御さんには、「難しそうでしたら、この方法はやめましょう」と言って、別の方法を提案します。

とにかくやると決めたらやるしかありません。押し問答みたいになってしまうと余計に子どもの不安は強くなります。お母さんを追いかける行動を強化してしまうことになってしまいます。これはかえってよくありません。だから、できそうもなければやらないで下さい。パニックの場合も同じです。解決方法に不安を感じるのであれば、やらない方がいいですね。

厳しいやり方を紹介しましたが、寝る前に『儀式』を作るのも効果的です。例えば、歌を歌ってから寝るとか、絵本を読んでから寝るとか、コップにちょっとだけのお水を飲んでから寝るとか、このような毎日お決まりの『儀式』によって、子どもは「もう寝るんだ」という気持ちの整理がされていくのです。

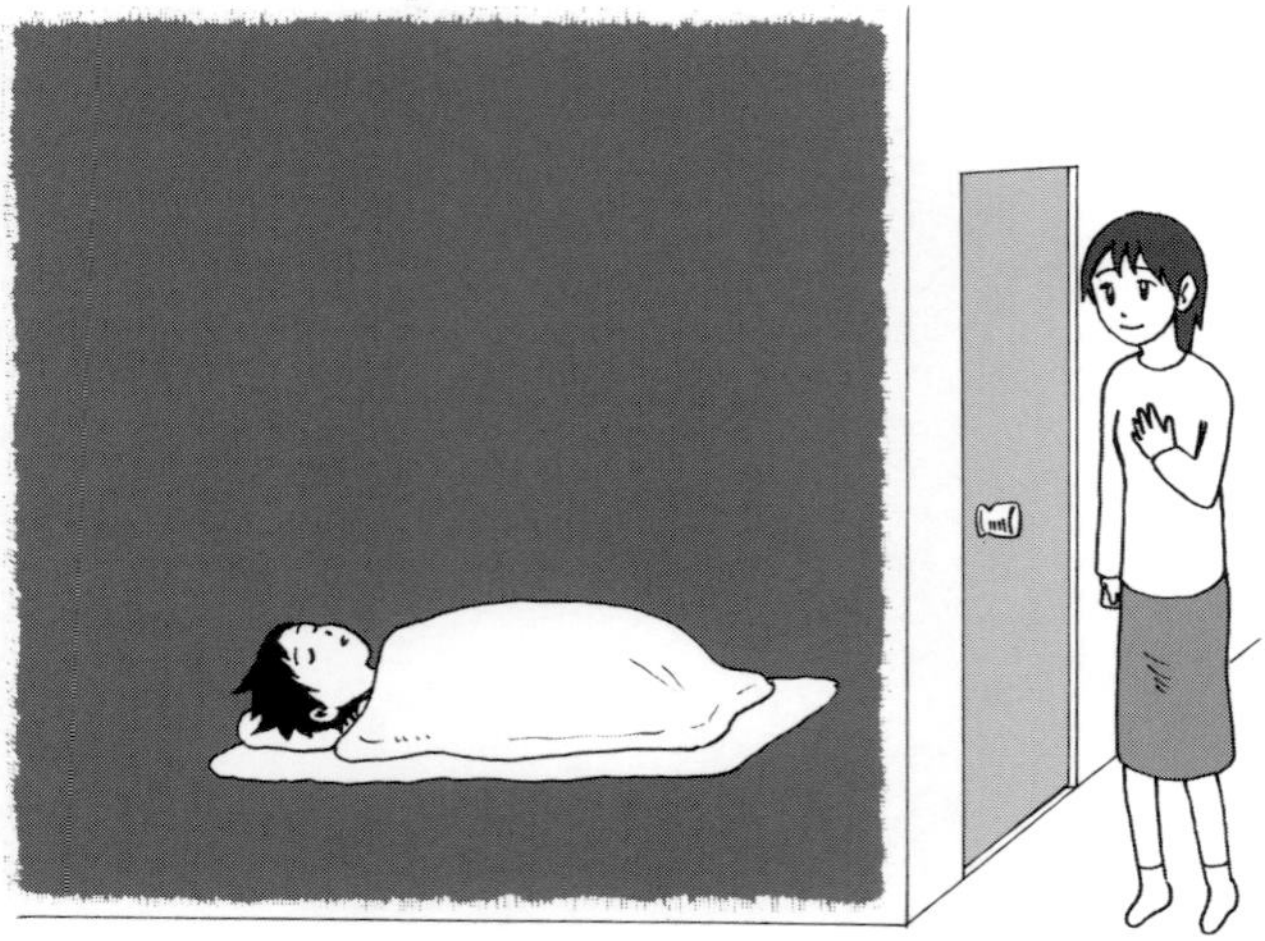

Q3 Question

食事中、落ち着いて座って食べてくれません。

もうすぐ3歳になる男の子です。昨年、自閉症と診断されました。生活面で困っていることの一つは、食事中に落ち着いて座っていられずに歩き回ってしまうことです。2、3口食べて走り回って、また戻ってきて食べます。そしてまた立ってしまいます。どうしたらよいでしょうか？

A Answer

奥田式 「ごちそうさま」でさげてしまいましょう

まずは「ごちそうさま」を教えることでしょうね。

2、3口だけ食べてどこかに遊びに行こうとしたら、「あっ、ごちそうさまするの？　はい、ごちそうさましましょう！」と言って、子どもと一緒に手を合わせて「ごちそうさまでした！」と言って、さげてしまうのです。さげるというのは置いておくということではなくて、戻ってきてもあげないということです。

2、3口だけ食べて遊びに行き、戻ってきたときには食べ物がなくなっていても、それだけで餓死することはありません。もしお腹が空いていても、5～6時間後にはまた次の食事の機会があるわけです。2、3口しか食べなかったままの状態にしておくことで、次の食事までの間、ひもじい思いをすれば、次の食事のときに2、3口どころかガツガツ食べたいという動機が高くなるわけです。

「ごちそうさまでした」が食事の終わりの合図、ということを伝えることが大切なのです。食事に限りませんが、

「始まりと終わりをきっちり教えましょう」と親御さんにいつも言っています。つまり、このような食べ方をしているのをやめさせるためには、親が子どもに「座って食べることの重要性」を教えるということではありません。「食べ終わったのね？　ごちそうさまするのね？」と1回だけ警告を与えて、それでも帰ってこないのであれば、「ごちそうさま！」と言わせて、さげてしまえばいいわけです。子どもがあわてて「まだ食べる！」という感じになれば、しめたものです。そうなると、2、3口で遊びに行くような最初の状態からすれば、大幅に改善していきますよ。「あっ、さげられちゃった」ということを経験するのも、子どもにとっては学習になるのです。

小林式
間食はダメです

そもそも、食事行動はどうしたら持続するものなのでしょうか。食べるスピードをあげるためのモチベーションは飢餓状態なのです。そんなにお腹も空いていないし、食べても食べなくても大丈夫というときに、さっさと食べるわけがありませんよね。

ですから、まずは間食をカットして、空腹を確保することがポイントです。

その次は奥田先生と同じですが、席から離れたら片付けてしまうということです。「ごちそうさま」と本人が言わなければ、周りが代わりに言って片付けて、もう出さないようにしてしまいます。このようにすればウロウロしてしまうようなことはなくなるでしょう。

「何とか少しでも多く食べてもらわなければならない」というお母さんの構えが逆効果となってしまうのです。優しすぎたり溺愛しすぎるお母さんは、こっそりと何か食べ物を子どもにやってしまいがちです。そういう場合には、母子通園など様々な機関を利用して、昼食のときにはお母さんがそばにいないようにするといいでしょう。

一番大切なことは、母親や担当者の構えなのです。愛情の与え過ぎはいいけれど、甘やかしすぎはダメということです。そのような場合は離さなければいけません。親も子離れのための修行が必要なのですね。

Q4 Question

まだ手づかみで食べようとする癖があります。

いま４歳８か月の息子です。知的障害のある自閉症と診断を受けています。これまで、ことばや作業の療育は受けてきましたが、生活習慣について具体的にアドバイスしてくれるところはありませんでした。すごく気になる問題は、まだ時々、手づかみで食べようとすることです。「フォークは？」と声かけをすれば、すぐにフォークで食べようとはするので、ことばでは理解している様子です。どうも癖になっているようです。何か、良い改善策はありませんか？

Answer

小林式

最初から手づかみをさせないようにしましょう

とにかく正しい持ち方で、完全に手を添えて、大人は子どもの口の直前までスプーンを持っていって離します。子どもの口が開く瞬間に大人は手を離します。このように進めながら、完全にスプーンだけで食事をできるようにしていきます。援助しているスプーンと子どもの口の間隔を少しずつ広げていき、ついには「はい、自分でやってみよう」と子どもに任せてしまいます。

子どもがスプーンをパッと捨てて、食事をわざとこぼしてしまったら、すぐにお皿を片付けてしまいましょう。また、手づかみでつかんだら、「今日はこれで終わり、もうないよ」と言って食事を終わりにしてしまいましょう。

最初から「手でつかんだらダメ」と言うと、あまり食べないうちに終わってしまうので、子どものお腹は満たされませんので注意しましょう。

ポイントは、満腹になってからやるのではなくて、もう少し食べる意思があるあたりで実行するという、さじ加減です。「食べたいものを片付けられてしまった」という思いを子どもにもたせることが重要です。

子どもが手づかみで食べるとき、親御さんはついつい「あらっ？　スプーンで食べなさいよ」というふうに言ってしまうでしょ？　「手づかみで食べる→食べてから叱る」「ほったらかす→手づかみでグチャグチャやる→叱る」ではなくて、最初から手づかみにさせないというやり方をしなければなりません。

つまり、ほったらかしにしないということがポイントとなります。プロンプト（適切な手助け）フェイディング（減らしていく）というのは完全に手伝うところから、スプーンと口との間隔を広げ、手を押さえる力をだんだん除去していくということです。

奥田式
濡れフキンでキュッキュッと手をふいてあげましょう

ことばで理解できる場合と運動的な発達でスプーンがまったく使えない場合とでは、対応が異なります。今回は、スプーンも使えるけれど手づかみも出るという子どもを想定して解説します。

スプーンと手づかみの両方で食べている子どもに対して、経験不足の指導者なら「スプーンが使えているときは褒めなさいよ」「手づかみのときは無視しなさい」「手づかみのときは叱りなさい」などと言うかもしれません。しかし奥田式は、子どもが手づかみで食べても叱らないし、手も叩きません。ただ、お母さんには濡れフキンを用意してもらいます。子どもが手づかみで食べたら、即座に「あっ、手ふいてあげるよ〜」と言いながら、濡れフキンでキュッキュッと手づかみした手をふいてあげます。もちろんスプーンで食べたときは、褒めてあげたりもしますが、とにかく手づかみで食べたときは、その手を濡れフキンでキュッキュッキュッキュッとふきます。こうすることで、子どもにしてみれば手づかみで食べる度に、食事が中断されることになります。

ふき方のコツは、ふく力はちょっと強めに（ギュッギュッ、ゴシゴシという感じで）、でも声かけは優しくです。「スプーン、使おうね〜」などと言って、キュッキュッと汚れた手をふきます。

こういうふうにすると、結局手づかみで食べるよりも、スプーンを使った方が綺麗に早く食べられますし、食事を途中で中断されずに済むということに子どもが気づいてきます。

Q5 Question

偏食のためか食事時間がダラダラと長すぎます。

７歳前の息子です。食事時間が長く、飲み込むまでに時間がかかってしまいます。また、偏食も激しくて困っています。味の好みというよりも、食感に好き嫌いが激しい様子です。いろいろな療育の参考書を読んでみても、専門家に相談してもすぐに取り組めそうなアイデアはいただけませんでした。このまま改善は見込めないものなのでしょうか？

Answer

奥田式 腹五分目法を実行してみましょう

基本的には生活の中での食事機会や食事量というのを見直します。

食事時間が長くなるのをよく観察してみますと、「少し食べて、休む」という状態が、ダラダラと続くことが多いようです。

ここで私が開発した方法は、食べる量をお皿に五分目まで盛る**腹五分目法**です。場合によってはお皿に三分目までしか盛らない**腹三分目法**を実行することもあります。

ほとんどの親御さんは、子どもに食べて欲しいと思っている量をお皿やお椀に載せています。ある程度食べると、ボーッとしてみたりお皿に残った食べ物で遊び始める子どもが多いのです。親御さんはそんな様子を見ると、「そろそろお腹いっぱいになったのかな」と考えて、食べ残しした状態で食事を終了してしまいます。しかし、奥田式は違います。家で食べるとき、最初にお茶碗やお皿に盛る量を本当に少なめ（三〜五分目）にして、お皿を空っぽにさせることを目標とします。お皿にあるものを全部食べる（完食する）ということを子どもに毎回経験させることが目的です。これは偏食を減らす方法にもつながります。

例えば、お皿やお椀にたった三分目しか入れていなかったのに、それを全部食べて食事が終わったとしましょう。親御さんにしてみれば、「ちょっと食べる量が少ないんじゃないかな」と心配するかもしれません。しかし、戦時中や戦後の貧困な時代、子どもたちはお椀三分目のご飯すらありませんでした。それと比べれば、三分目だけでも食べてくれれば心配には及びません。

ちょっと食べる量が少なかった食事の後の、次の食事機会で、食べることへの動機づけが高まります。つまり、ハングリーな状態になるわけです。ハングリーな状態を作っておくと、食べるスピードは速くなりますし、偏食も少なくなっていきます。腹五分目法のねらいは、次の食事機会での子どもの食べる動機を高めるところにあります。

前の食事機会であまり食べなかった場合、お菓子を多めにあげたりしては元も子もありません。また、次の食事機会で「さっきは食べる量も少なかったし、今度は食べてくれるだろう」とついつい多めに出してしまいたくなるものです。でも、そうしてしまうと、子どもはまた途中で残してしまい、挙げ句の果てにまた食事中に遊び始めてしまいますので注意しましょう。久しぶりの食事でも少なめに出して、まずは全部食べさせて、なおかつもっと欲しそうにしたら、ちょっとずつおかわりを出していくのがポイントです。

お皿にたくさんの食べ物を用意したせいでダラダラとしてしまうようでしたら、こんなふうにしましょう。三食をきっちり食べさせたいならば、間食を子どもが要求しても食べさせないことを徹底しましょう。腹五分目法をうまく使えば、一石二鳥にも三鳥にもなります。

小林式 アメ横スルメ法が効果的です

この問題は、家で食べやすいものを準備してあげていればおなかにスルスル入っていくのですが、学校での給食など、集団生活ではそうはいきません。全体のリズムを崩してしまいます。例えば、みんなが食べ終わっているのに、口の中でいつまでもグジャグジャしている子どもがいるとします。たいていの先生は、子どもの口を開けさせて、牛乳などの飲み物で流し込んでしまうのではないでしょうか。しかし、このやり方では、その次に食べたものをまたグジュグジュさせてしまい、繰り返しとなってしまいます。

結局このような咀嚼《そしゃく》の問題は、嚥下《えんげ》能力がポイントとなってきます。食べるのが遅いのは、飲み込みが悪いためであり、唾液の飲み込みの悪さは、よだれを垂らしやすくしてしまいます。飲み込むということに関しては、結局は食事を飲み込むことと、唾液を飲み込むことは同じになります。飲み込みが下手だから、どうしたらいいのかという問題です。

ここで**アメ横スルメ法**の登場です。

これはマッサージ法です。普段の遊びの最中に、子どものほっぺたをワサワサと動かしたりして、とにかく口の周りをこすってみます。つまり、ほっぺたの外側のマッサージをするのです。暇を見つけては、子どもと顔のこすりっこをしてみましょう。

本当は、口の中（口蓋）をマッサージしたいのですが、それでは子どもに嫌がられ噛まれてしまいます。子どもとの口の中の格闘をスルメにまかせるのが、アメ横スルメ法ということになります。

ちなみに「アメ横」というのは、東京都台東区の商店街のことでアメヤ横丁の通称です。アメ横では、スルメを10枚くらいの束にして安く売っています。ここで使用するスルメは、足がきちんと揃って噛みやすいものではなく、安く売っているような噛みごたえのあるもののほうが適しているのです。柔らかいサキイカではダメですね。

飲み込みが悪い子どもは、給食を完全に食べ終わらないことが多いです。このような子どもに対して、先生は時間内に食べるように促しますが、結局は根負けしてしまい、「今日はここまで」と途中でも終わりにしてしまいます。

お腹を減らした子どもは、家に帰ってから、プリン、飲み物、牛乳、ジュースなど、スルスル入るものを好んで食べるようになってしまうでしょう。

そのような食生活を改善するために、本来は段階的に固さや大きさを考え、しっかり噛んで飲み込む食生活の改善が必要です。それを助けるのに、スルメの登場です。スルメの足を与えて、それを食べ終わらないと好きなプリンが食べられないということにします。時間を設定して、かじらせます。子どもと一緒になってお母さんお父さんも「美味しいな」とかじってみましょう。スルメだって結構慣れてくると、味があります。イボイボだって刺激的なんです！

このスルメイカの刺激性の高さが、口腔マッサージにはとても効果的です。このスルメイカは、脳性麻痺の子どものよだれをたらすことを改善するのにも効果があります。嚥下能力が弱い子どもたちには、口腔内に刺激を与えるとよくなります。だから親御さんは、食べ物を食べやすい形から徐々にしっかりと咀嚼して食べるという方向に、計画的にしっかりと考えていかなければなりません。

スルメを嫌がる子には、ケチャップやマヨネーズなど子どもが好きな味付けを加えたりして工夫してみましょう。

Q6 Question

食べ物を飲み込んで吐き出してこねてしまいます。

特別支援学校に在籍する４年生の男の子です。給食をものすごく早く食べ、飲み込んでしまいます。もちろん口の中ではなくて、お腹まで入っています。しかし、食べ終わると手持ちぶさたになってしまい、一度食べた物を机の上に吐き出して、粘土のようにこねはじめてしまいます。こういう行動障害はもう治らないのでしょうか？

A Answer

小林式 行動の流れを断ち切りましょう

一気に食べて、どっと吐いて、こねるというのが、一つの流れになっていますね。癖になってしまっているのです。だから、その流れをどこで断ち切るかという問題になります。

「しっかりと噛んでゆっくり食べることができればいいのでは？」と考えるかもしれませんが、それではこの問題は解決につながりません。吐き出す癖ができてしまっているので、とにかく食べ物を口に入れ食べ終わったらすぐ、その食事場面から離すことが先決です。

しかし、その場から離した後、外へ連れて行こうとする途中の廊下で吐いてしまった子どももいました。

そこで、その子の場合は、一番好きなことをやらせてみようと、大好きなトランポリンをさせてみました。「そんな運動したら、すぐ吐いてしまいます！」と関係者は驚いていましたが、とにかくその子には好きなトランポリンでピョンピョンと同じリズムで跳んでもらったのです。するとどうでしょう。跳んでいる間は、吐き出しませんでした。トランポリンは、自己刺激的な行動でこの子の得意とする反復行動と考えられます。

　トランポリンをさせれば吐き出さない。当然、吐き出さなきゃこねることもできなくなります。つまり、食後の興味をどこにもっていくかということが重要で、その子の大好きな活動に興味をもっていってしまえばいいのです。場合によっては、消化を促進するというよりも消化を妨害するような活動でも仕方ありません。

　その子は結局、吐かなくなりましたよ。給食の後のトランポリンで。お家での生活もあるから毎回というわけではありませんでしたが、この指導を始めてだいたい、1か月くらいですね。約1か月間、給食のあるときを利用しました。回数で言えば、10~15回目くらいのときに、おそるおそるちょっと様子をみました。ここで吐かない期間が途切れなければよいのです。

　でも、急に何もしなくなるのもよくないので、食事が終わったら、その子がトランポリンの次に好きな絵本を使ってみました。その子は、仕掛け絵本が好きだったので、そこに食事が終わった後の興味をもっていったのです。

　一般的に、とにかく流れを断ち切るためには、その断ち切るところに好きな活動をもってくると効果があります。なるべくその場に合うようなことをもってくるのがいいでしょう。

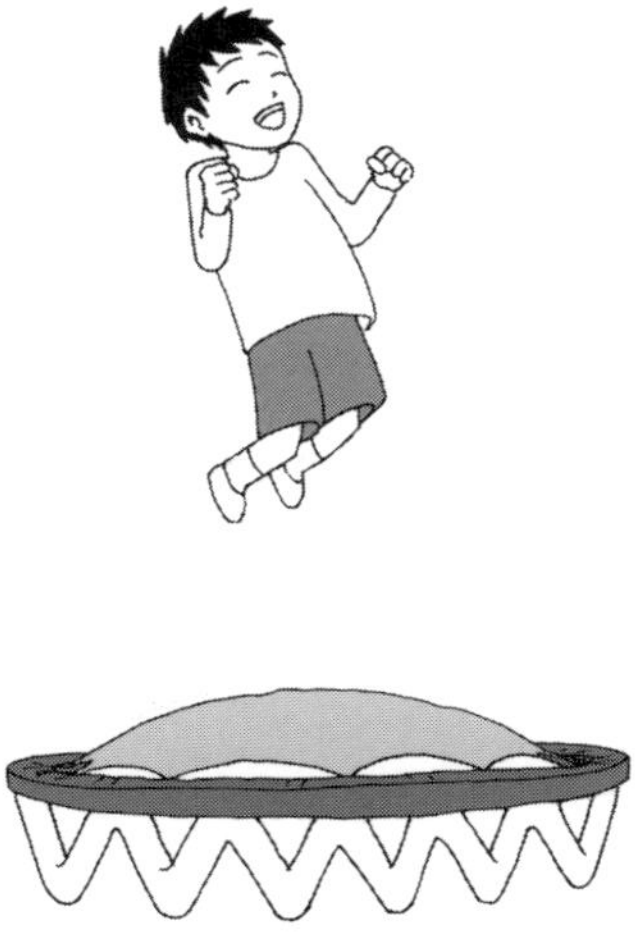

奥田式 遊び始める前がポイントです

海外の論文でも、そのような重度の子へのアプローチがあるのを読んだことがあります。

私が実際に出会ったのは、20歳の強度行動障害の成人ですが、その方は胃液を含んだものを吐いてしまう行動が続いていたため、胃酸で歯がだいぶ溶けてきていました。

小林先生のおっしゃる通り、環境を一気に変えてしまうことが鍵となりますね。食事が終わってすぐ吐いてしまう場合は、吐き出した後に何処かへ行こうという〝後追い型の対応〟は、あまり好ましくありません。吐いてしまう前、つまり〝先回り型の対応〟が重要なのです。

吐き出して、嘔吐物をこねて遊び始めるよりも前がポイントです。いわゆる問題行動というのは、吐いた直後に始まりますよね。でも、この子どもさんの場合、すでに習慣になっている訳ですから、吐くことは分かっているので吐く前に動かしてしまうのです。

私の場合、食事場面から切り離すために、吐く前に部屋の外に出して、早めに歯磨きをさせるか、もしくは歯磨きガムやマウスウォッシュで口の中の環境まで変えてしまいました。吐いた後に歯磨きをさせるのではなくて、食べた後の口の中に残っている食べ物の感覚と、部屋の環境を瞬時に変えてしまうのです。吐いた後ではないというところがポイントですね。吐いた後にやらせるのではダメなんです。

その方の場合は、歯磨きはずっと習慣になっているので別に嫌がるわけではありません。歯磨きが罰にはなっていないのです。今回ご相談の子どもさんのケースと同じで、食べるのが非常に早いという共通する特徴がありました。そういう部分では、年齢が違うだけで同じようなケースと考えてもいいのです。

結果的には20歳の人もきれいさっぱり治りました。ご飯が終わったら、吐くよりも前にサッと部屋から出して、うがいか歯磨きをさせた後に、好きな遊びもしてもらいました。たった1週間以内で効果がでましたよ。10年以上、毎日やっていた反芻《はんすう》行動をやらなくなっていったのです。週に1回程度とか、そういう減り方でもなかったですね。ジワーッと減ったのではありません。劇的な変化でした。

このような問題は、正しいやり方をしていくと必ず改善していくのです。基本的な原理・原則は同じですよ。習慣になってしまった吐いてしまう場面や文脈を断ち切る、ということです。

Q7 Question

トイレットトレーニングがうまくいかず、失敗が続いています。

障害が重い子（知的な発達は1歳くらい）で、年齢は4歳の子です。楽しいことがあるとニコニコしているのですが、楽しすぎたり、喜んでしまうと失禁します。例えば、「おしっこ行こうね」って言うと、「いやいや、ないよ」って言うのに、遊びながらシャーと出してしまったり、ご飯を食べている最中も「おしっこ」と言わずに、シャーと出してしまうのです。出ちゃった後は「でちゃった」みたいな感覚はあるようですが、間に合わなくて失禁してしまったという感じではないようです。

＊ここでは、［コントロールができていない子（うっかり失禁）］と［コントロールはできているがこだわりのある子］に分けて考えます。

A Answer

▼［コントロールができていない子（うっかり失禁）］のケース

奥田式

しっかり水分をとりましょう

忘れちゃって、あら出ちゃったみたいな感じの子どもですね。

こうした子どもの場合は、まず最初に小児科で膀胱など排泄器官に先天的な疾患がないかを確認してもらいます。それで、疾患がないということになれば、行動療法の出番です。**膀胱訓練**やかんちょうの登場です。

親御さんからすれば、「おしっこをこんなによく失敗してるんだから、水分減らしたほうがいいんじゃないの?」という考えがあるようです。でもまったく逆です。原則的には膀胱に多めに水分を入れる、特に利尿作用の高い水分を摂らせること、これが凄く大事なんです。

風船にみたいなものをイメージしてみてください。膀胱は水風船と似ています。小さな風船を最初に膨らませるのは大変ですよね？　でも何度も膨らましていくと、最初に比べると膨らみやすくなります。膀胱もある程度ずつ尿を溜めていけば、水風船のように広がっていくと考えてください。

風船に水をいっぱい入れたとします。そして風船の口をギュッと止めた指の力をパッと緩めるとどうなりますか？

水がいっぱい入っているときには、指の力を抜いた瞬間に水がシャーと勢いよく出ますよね。でも、風船に水が少ししか入っていなかった場合は、チョロチョロとしか出てきませんね。つまり、膀胱の中に入れる水分量を多くするということは、まとめてシャーと出す練習になるのです。膀胱に入れる水分量が少なかったらシャーと出す練習になりませんし、膀胱も広がっていきません。膀胱圧を先行刺激にしていくためには、膀胱の中に水分を溜めて圧をかけるしかないんですよね。

だから、「しっかり水分を取らせましょう、そして座らせましょう」とアドバイスをして、失禁をなくしていくことが基本となります。

親御さんによく、「おしっこの出方はどうですか？」「チョロチョロでていませんか？」と聞いてみます。チョロチョロ出して頻尿になっている、「チョロ出し頻尿」の子どもさんが多いんですよね。こういう子どもには、なおさら膀胱訓練が必要で、利尿作用の高い麦茶などを通常の1・5培くらい多めに与えます。当然、失敗したら床を濡らすおしっこの量は増えてしまいますが、これは当たり前のことですね。失敗させないようにするために、便器やオマルに座る時間を増やしてみてください。子どもに座る気がなくても、20分刻みに座らせてみましょう。座った状態で遊びまくるのです。勢い良くシャーッと出す練習をするという発想が大切です。

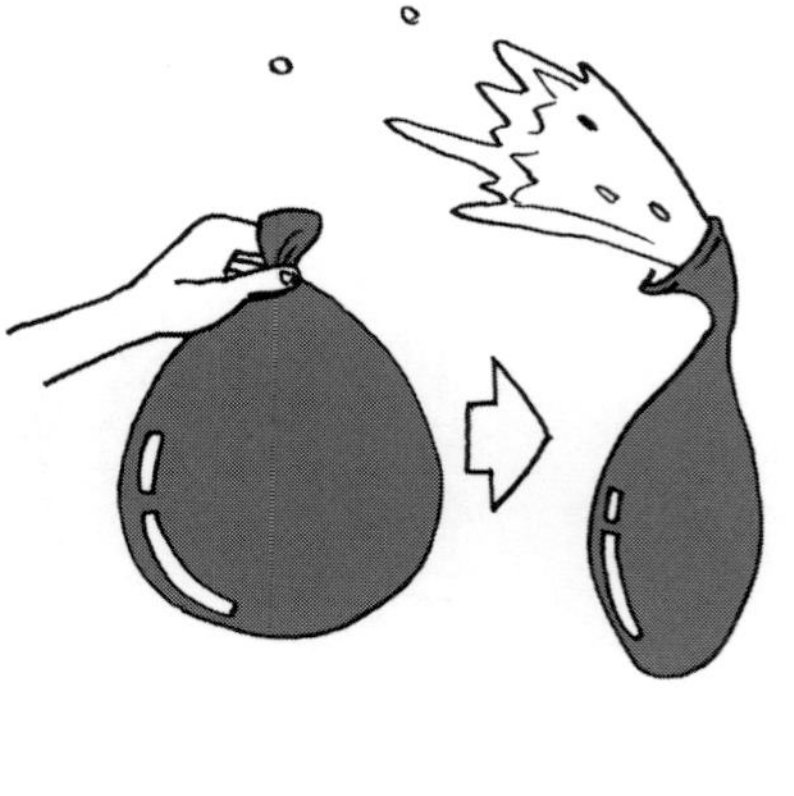

小林式 トイレにいる時間を増やしましょう

大原則は、おしっこにしても、うんちにしても、いよいよ出そうだというときに親がトイレへ連れていくことです。最初トイレで座れないうちは、出そうだなというときに、抱っこして「はい、う～ん」とやってあげるといいですね。

トイレットトレーニングはキャンプ（日帰りプログラムなど）で行なうのが、実施しやすいですね。**動因操作**という方法を使います。

おしっこの訓練の場合、キャンププログラムでは、みんなで1時間の間にお茶を飲んで座ることを繰り返します。楽しくオマルに座らせることが大切です。最初は無理矢理であったとしても、子どもにとって座ることがすごく得なことにしてあげます。たくさん遊んでもらえるし、好きなおもちゃも出してもらえるし、お菓子だって食べていい。こんな感じで、オマルに座っている時間が増すことは排尿チャンスが増えることになります。うんちの場合はもっと簡単です。トイレでうんちをしたことのない子どもを意図的に集めて、一斉に5～6人にかんちょうをします。そして各担当者がおしりを押さえます。子どもの顔色が変わった頃を見計らって排泄させるのです。大いに褒めたたえます。3～4日間のキャンプ中にトイレでやれるようにさせるのです。

滑り台で遊んでいるときとか、日常生活でもチョロチョロとだしてしてしまう子どもがいます。これもいわゆる膀胱コントロールの問題なのです。しっかり括約筋を鍛えて膀胱も許容量が大きくなればコントロールがしっかりするわけですからね。水を必要以上にたくさん飲ませて、その後で「ガマン、ガマン」と応援しながら時計を見せつつ、ためる時間を延ばしていくのです。

▼「コントロールはできているがこだわりのある子」のケース

小林式
こだわりをいかしてトイレを楽しい場所に

こだわりにも色々なパターンがあるわけですが、トイレで排泄させられるかどうかという問題は、大人が根負けせずに、ねばり勝ちしないといけませんね。

コントロールができていない子どもの場合には訓練や躾ができないのです。しかし、「さぁ、やりましょう」と言ってパンツを脱いで、便器やオマルに座らせたときにやらずに、パンツやオムツをはかせた途端にジャーとしてしまう子どもは、トイレでの排泄を必死の覚悟で止めるということができているわけです。つまりコントロールしているわけですね。これはコントロールの場所を間違えているだけなのです。手がかり刺激が違っているのです。場所や姿勢が手がかり刺激になる訳ですが、こういう子どもの場合は、パンツやオムツをはくことや、パンツやオムツがお尻に接触することがおしっこをする手がかり刺激になってしまっているのです。つまり、間違ったコントロールや、手がかり刺激を入れ替えていけばいいわけです。「絶対に便器やオマルではやらない」と頑張っている子の場合には、便器やオマルでやる体験をさせるために動因操作を使うのです。これは子どもが自分でルールを決めてしまって、かたくなにそれを守りたいというときに、ルール破りをさせるための手段の一つです。

うんちの場合はかんちょうで動因操作ができるからいいのですが、問題はおしっこです。おしっこの場合は、急におしっこが出るようにはできないので、たっぷり水分を取らせて、おしっこの頻度を高くして訓練するといいですね。短期決戦型で進めて、完成させるには、30分おきに訓練するといいのではないでしょうか。

30分ごとにオマルに座らせて、排尿があってもなくっても、冷えた炭酸飲料をたっぷり提供してください。

膀胱訓練や動因操作が前提としてある訳ですが、トイレにトークン（シールなどのごほうび）を用意する方法もあります。トイレで排泄ができたら合格印のシールを貼ってみます。

こだわりというのは学習した自分を守る習慣化した行動なのです。こだわりがある子の場合は、そのこだわりを利用すればいい訳です。トイレで排泄することをこだわりにすればいいんです。

奥田式

トイレ恐怖の場合はスモールステップで

それにしても、トイレットトレーニングほど朝飯前で簡単な方法なのに、親御さんに感謝されるものはありませんね。

以前、こんな自閉症の子どもさんがいました。水の流れる音が嫌いでトイレに入るのを嫌がったり、下半身が裸の状態で便座に座るのを嫌がったりする子どもでした。

そこで、お母さんに「どんなふうにしたら座れるの？」と聞いたら、「トイレをイスにしたら座れます」と言うので、トイレの蓋をした上にただ座るとか、トイレで座イスに座るという練習をひたすらやってもらいました。

そして、トイレでしかできないように、小さいポータブルのゲーム機や虫の図鑑やＤＶＤなどをトイレに置くようにしました。「トイレでしかできない特定のおもちゃがあって楽しい」という状況を作りました。「トイレは楽しい場所」と認識させるところから始めて、スモールステップで練習していくのです。徐々に、便座でもズボンを脱いでも座れるようにしていくわけです。ステップアップの段階で多少は嫌がるものですが、それでも「トイレは楽しい場所」を演出し続けるのです。

子どもを引きずっていかなくてはならない状態から、自分から「トイレ行くよ」という状態になったら、「じゃあ今日はズボン脱いで座ってみようか?」と、少しずつ段階を上げて座らせていきます。つまり、「トイレはいい場所だ」ということを実感させていくのが基本的な姿勢です。また、トークンを使った支援方法も効果的です。子どもさんの状態や課題の難易度によって、うまくその気になれる「さじ加減」でやってみましょう。

一つだけ裏技を紹介しましょう。完全に便座に座れるようになった状態の男の子がいるとします。うんちは力を入れてきばるけれども、おしっこは力を抜いて出すというふうに、出し方が違います。しかし、この力の抜き方のコントロールが苦手な子が少なくありません。

そこで用意するのが水鉄砲です。水鉄砲にぬるま湯を入れておいて、便座に座っている男の子のおちんちんに向かってシュッとかけてしまうんです。すると、おちんちんの先にかかった水がチャラチャラチャラと落ちますよね。そのまましばらくたつと、あら不思議! なぜかチャラチャラチャラと水が落ちた後、しばらくするとおしっこが出てしまうのです。こんな裏技が有効なお子さんもいました。

話を戻しますが、まずはトイレを楽しい場所にすること、失敗しても怒らないことが基本です。子どもの排泄の失敗に対して、怒ってしまう親も多いのですが、トイレの失敗については怒る必要、叱る必要は全然ないわけです。失敗するたびに叱られると、排泄をトイレ以外のところで隠れてするようになる子どももいます。親は根気強く「ここでするんだよ」ということを教えるために、練習すればいいことです。

むしろ、子どもがうっかり失敗した場合、「お母さんがうっかりしていた、気がつかなくってごめんね」という考え方でいることが大切です。子どもが失敗してしまったら、次はもうちょっと早めにトイレに座らせるということが大事で、叱ったらダメです。

Q8 Question

うんちがトイレでできません。

４歳半の子どもですが、おしっこはだいぶできるようになってきましたが、うんちを紙おむつの中にしてしまいます。便座に座らせても、うんちをしようとしませんが、紙おむつをはかせると、おむつの中でうんちをしてしまいます。これって自閉症のこだわりなのでしょうか？おむつを外すこともできず困っています。

A Answer

小林式 パターンをくずしましょう

うんちの場合は、まず何年もパンツにすることにこだわっていた状態を崩すトレーニングをします。このお子さんの場合、オムツという特定の場所でうんちができるのですから、一般的なうんち訓練はコントロールできているわけです。一般的な訓練というのは、括約筋のコントロールをだんだん身に付けていくプロセス、トイレットトレーニングです。

このお子さんの場合、トイレでは括約筋をしぼって出さないけれど、オムツだとそれが緩められるわけですよ。だから、緩めるときと緊張するときを間違えてしまっているので、そのこだわりを変更すればいいわけです。

以前、イスに座ってもすぐに立ってしまう多動の4歳児がいましたが、この子の場合は、座っているということが困難だったので、最初は着席行動の練習をしたり、家でオマルに座って勉強をしたりしました。そして、ある程度座っていられるようになった時点で、かんちょうトレーニングを開始しました。

この子の場合は、これまで絶対にオマルで排泄したことはなかったわけですが、動因操作（かんちょう液の挿入効果）をして、子どもが「もう出ちゃう」となったギリギリのところまで、大人がお尻をペーパーで押えてしまうのです。そして、オマルに座った瞬間にパッと外します。すると、オマルでやらざるを得ないので、そこで排泄することになります。「うんちはオマルでやるもんじゃない、パンツとかオムツにやるもんだ」という子どもの決まりきったパターンを、ここではじめて崩したわけです。

その後、この子は徐々にかんちょうの挿入液を減らしていきましたが、だんだんと操作を加えなくても排泄できるようになりました。

質問のお子さんも、うんちはパンツにすると決めているわけですから、それを崩さざるを得ない条件を使って練習してみましょう。子どもは、うっかりオマルでやってしまったことを後で反省していられません。「やるんじゃなかった、1回やったばかりに、訓練されちゃった」と本人が嘆いているかもしれませんが。

奥田式

「うんちの姿勢」に気をつけましょう

おしっこと同様に医学的な問題がないことが確認された後の話になりますが、うんちとかおしっこで大事なことは、実は「姿勢」なのです。

うんちの場合は、明らかにしようと思って力を入れてします。おしっこの場合は力を抜いて出しますよね。うんちのように「力を入れて出す」というのは100％**オペラント**（自発的な行動）かというとそうでもなくて、**レスポンデント**的な要素も含まれています。レスポンデント行動というのは生理的に誘発された反応です。排便の姿勢を取るのはオペラント行動ですが、排便姿勢を取った状態は**条件刺激**となるのです。例えば、大人になった私たちが「立ったままうんちをしてごらん」と言われても、そんな姿勢でうんちしたことがないので容易ではありません。事故で入院したときに、「ベッドに丸い穴があって、その下はバケツでちゃんと取れるようになっているから、寝たままうんちしていいよ」と言われても、寝た姿勢でうんちをしたことがないから、きっと躊躇《ちゅうちょ》することでしょう。練習すればいずれできるようになるとは思いますが、普段のうんちの姿勢を取らないとやりにくいのは確かです。だから「姿勢が大事」ということをよく親御さんに言っています。

それから、うんちを失敗しても怒ってはいけません。「親が気づいてあげられなくてごめんね」という心掛けが大切です。叱れば叱るほど、子どもは隠れてするようになります。例えば2階のカーテンの隅でやったり、ピアノの下でやったりしてしまうでしょう。

ただ、この「隠れてする」ということはいいことですよ。トイレは隠れた場所ですからね。だから、その場所がトイレになりさえすればいいのです。

つまり、オムツにうんちをするというのは、「オムツをはいた状態」「服が密着した状態」に子どもが慣れてしまっているわけです。オムツをはいた状態がうんちを出したくなるための条件刺激になっているわけです。

だから、1回目はこのオムツ（できればパンツにしておきましょう）をはいた状態でとりあえずトイレに座らせて、座位を取らせます。最初は抵抗するでしょうが、座位の状態でうんちをするということを、まずは教えないといけません。そして、ここで「子ども用かんちょう」の登場です。最初は便座に座る前にかんちょうを入れます。そしてクルッと向きを変え座らせて、いつでもうんちができる状態にします。「まだよ、まだよ、我慢、我慢！」と言いながら、しばらくは座らせておきます。我慢できずにシャーッと液体だけ出してしまうこともありますが、最初はティッシュでお尻を押さえておくのもポイントです。そして、もう少し我慢できるようになって、まとめてうんちができるようになったら、今度はトイレからちょっと離れたところでかんちょうを入れます。少し歩いて便座に座って出すという練習をしばらく続け、これができるようになったら、今度は廊下でかんちょうを入れます。廊下から駆け込んで、ちょこんと座って出すようにします。これがうまくいったら、リビングのあたりでかんちょうを入れるようにしてみます。「便意→トイレへ駆け込む→排便姿勢→うんちをする」の流れを、ひたすら繰り返すのです。こうすれば簡単です。

かんちょうは、便意を強制的にもよおすためのものですよね。リビングでもよおしたら、パーッと走って最後は便座で座った姿勢で出す。スモールステップですね。

Q9 Question

女の子にいやらしい感じで抱きついてしまいます。

４月から小学生になる年長児の息子です。最近、週に１回通っているプールで、女の子に抱きついたり、インストラクターのお姉さんにひっついて胸を触りたがります。注意してやめさせるようにしているのですが、なかなかやめません。家でも、これまでずっと母親と一緒にお風呂に入っていましたが、母親に対してもベタベタ触るような感じになってきました。まずは自宅のお風呂から一人で入れるようにしたいのですが、よい方法はないでしょうか？

Answer

奥田式

お母さんは服を着たままで、子どもと一緒にお風呂に入りましょう

どうしたらお風呂に一人で入れるようになるかという問題ですが、これは何歳になったら一人で入らなければいけないという決まりがあるものではありません。

まずは、子どもがお母さんにベタベタ触ることを段階的にやめさせていくという目標を立てましょう。子どもを一人でお風呂に入らせようとするときには、お風呂に一人で入っても危険ではないことを事前に確認しなければなりません。

現状では、お母さんも子どもと一緒にお風呂に入っていて、触られてしまうということです。お母さんにとっては、子どもの世話をしつつ自分もお風呂を済ませてしまえるので、そのほうが楽というのもあるのでしょう。

しかし、あえてお母さんは、腕まくりしたりズボンの裾をまくったりして、服を着たままの状態で入るようにしてみてください。肌と肌でふれあって裸でお風呂に入るということをやめてみます。一人でお風呂に入らせるようにするための初めの一歩です。

しかし、お母さんが一緒に入っているという状態にはまだ変わりありません。何のために一緒に入っているかというと、背中を流してあげたり、髪の洗い方や、顔の洗い方を教えてあげたりするためです。

いきなり「今日から一人で入りなさい」とするのではなくて、一緒に入ってあげるけれどもお母さんは湯船にはつからず、服を着たまま介助するように世話をしてあげるのです。そして、洗い方などを監督しつつ、子どもが上手にできるようになってきたら、一人で入るようにすればいいのです。

また、何年生になったら、何歳になったら、というように時期をあらかじめ子どもに伝えておいて、その時期がきたら「もうお兄さんだもんね」と言い聞かせるような方法もいいと思いますよ。

それから、プールで女の子やお姉さんを触ってしまうという問題ですが、これは約束の問題につながります。おそらく、このお子さんは約束が守れていないのでしょう。プールに入る前に「触っちゃだめよ」と言うと、「うん」と返事はするものの、プールサイドに行くとすぐに触ってしまうという状態なのでしょう。

約束の守らせ方についてはQ18で詳しく説明しますが、結果に応じてごほうびを取り入れてみてください。このケースの場合は、プールサイドでの約束が守れたらごほうびをあげる、守れなかったらごほうびをあげないというふうにするといいでしょう。

具体的には、毎回「今日は触っちゃったから、残念」「今日は約束を守れて偉かったね」というように声を掛けて、約束が守れたらごほうびのアイスクリームをあげる、守れなかったらごほうびはあげないということです。

小林式

父親との関係を深めましょう

奥田先生のやり方で、だいたいこの問題は解決できると思いますので、私は父親の介入についてお話しましょう。いわゆる、「男と男の裸の付き合い」のようなものを子どもに強く印象づけてみるのです。

背中を流し合うというようなお風呂での行動は、ソッと触ってキャッと驚かせるのと違って、積極的なかかわりですよね。「僕がやったから、今度はお父さんね」という相互作用でもあるのです。一番いいのは背中流しでしょうね。

プールで女の子や女性を触ってしまうという問題については、お風呂で男と男の約束をしてみてください。「約束しろよ。今度、プールに行ったときに、女の子の胸を触るなよ」というように、いわゆる言行一致訓練を、父親との関係でつくってみてください。もちろん実行できたときにはごほうびをあげるということも考えてみてください。

一人でお風呂に入れるようにするステップとしては、お母さんとの固定関係を崩すことをお勧めします。今まではお母さんとだけ一緒に入っていたところを、お父さんとも一緒、もしきょうだいがいればきょうだいとも一緒、おじいちゃんと一緒、おばあちゃんと一緒というようにして、固定パターンを崩していくのです（Q２参照）。そこから一人でお風呂に入れるように経験を積み上げていくとやりやすいですよ。

Q10 Question

歯磨きがうまく一人でできるようになってほしいのですが……

３歳の息子ですが、歯磨きを嫌がります。そろそろ知恵も付いてきて、私が歯磨きの準備を始めるだけでも逃げ出します。虫歯にならないように、なんとか捕まえて無理矢理にでも歯を磨いていましたが、前よりも段々、嫌がり方が激しくなってきたような気がします。何か良い方法はありませんか？

A Answer

小林式 家族みんなでキュッキュッキュッと磨きましょう

だいたい2、3歳ですと体を押さえつけるのは可能ですが、4、5歳になってくると子どもに力もついてきて、なかなか思い通りにはいかなくなるから大変ですね。

やはり、歯を磨く習慣は早い時期に身につけておいた方がいいでしょう。子どもがもっと大きくなったらそれこそ戦いになってしまいます。

4〜6歳の子どもの場合は、「歯磨き」を家族全員の行事というモデルとして提示してみましょう。

おじいちゃんも、おばあちゃんも、お父ちゃんも、お兄ちゃんも、お姉ちゃんも弟も、みんな一緒に楽しく「キュッキュッキュッ」です。

そのときに気をつけることは、歯磨き粉です。匂いなどの好き嫌いがあるので、最初は歯磨き粉をつけずに水だけで、みんな揃って「キュッキュッキュッ」と楽しく磨きましょう。

その後、あまり匂いのない子ども用の歯磨き粉をつけたりしていくことを考えていきましょう。

模倣することは行動レパートリーを拡大するにはもっとも有効な方法です。ことばも動作も親も子どもも楽しくまねし合うことを心掛けましょう。

奥田式
気持ちよくリラクセーションさせながら磨いてみましょう

私の甥っ子がちょうど3歳になったのですが、やっぱり歯磨きは嫌がっていましたよ。母親が「歯磨きするよ」「いや！」「するよ！」「いや！」という繰り返しの末に、子どもが逃げてしまうパターンにはまることが多いですね。

下手をすると、「お母さんから逃げる、お母さんに追いかけてもらう」というやりとりを、遊びのように楽しんでしまう子どももいます。子どもは追いかけられるのが大好きですからね。

このような事態にならないように、大人は子どもをしっかり押さえつけて歯磨きをしてしまいましょう。ただ、押さえつけると言っても「コラ！　じっとしなさい！」と叱りながらやるのではなくて、「ハイハイ、お口、アーンして～」と優しく言いながら、股の間にガサッと子どもの頭を挟んでしまいます。子どもの両腕はお母さんの太ももの外に挟んで動けないように固定します。

ポイントは、極力ジタバタできないように固定することです。その際、楽しい音楽を聴きながらでもいいです。NHK教育テレビの『おかあさんといっしょ』で流れる「はみがきじょうずかな」という曲でもいいです。子どもの顎を押さえながら「シュッシュッシュッ」と歯を磨いていきます。

根比べになるわけですが、ここでの大事なポイントは、子どもがジタバタするのを諦めて力を抜いたとき、大人も少しだけ子どもを固定している力を抜いてあげるということです。油断しているときに、子どもがまた逃げようとしたら、大人もまたちょっと力を入れて、逃げられないようにします。子どもが力を抜いてきたら、こっちも力を抜いて「シュッシュッシュッ」と続けます。

最後には、子ども自身に歯を磨かせたいわけですから、いつまでも股間に固定し続けていてはいけません。固定しながら歯磨きをするにしても、最初から抵抗をなくすことを目的にしなければなりません。

いつまでも抵抗する場合、磨き方に問題があると考えられます。子どもの全身はしっかり固定しますが、口の中で歯ブラシの動かし方をなるべく気持ちよいと感じられるようにしなければなりません。

うまくいけば、子どもに歯ブラシを持たせた状態で「キュッキュッキュッ」と最初にやらせておいて、「仕上げはおか〜あさ〜ん」と言って、お母さんが「シュッシュッシュッ」とやってあげましょう。

まとめます。とにかく逃げないようにしっかり固定して、歯磨きをスタートすることが肝心なのです。気持ちよくリラクセーションさせるイメージで磨いていきましょう。子どもがジタバタするのを諦めたら、大人は力を抜きます。子どもが諦めているのに、まだギューッと押さえつけていてはいけません。

歯磨きが終わったら、もちろん子どもを褒めましょう。終わったらトークン（シールなどのごほうび）をあげてもいいですね。シールが何枚か溜まったら、さらなるごほうびに変えてあげるというやり方です。次第にごほうびなんかがなくても、歯磨きも習慣になっていくでしょう。

Q11 Question

お薬を嫌がらずに飲ませるよい方法はありませんか？

２歳を過ぎたばかりの息子です。先日、自閉症と診断されたばかりです。お医者さんに言われたお薬を毎日飲まなければならないのですが、飲みやすいシロップの薬でも嫌がります。大切なお薬なので、なんとか飲ませたいのですが。どうすれば素直に飲んでくれるようになるのでしょうか？

Answer

奥田式

好きなものを用意しましょう

これはＱ10の歯磨きの質問に似ていますね。「飲みましょうね」と言っても「きらいっ」となる訳ですから。２歳の子どもでしたら、もう単純な状況がわかるはずですから、遠慮しながらやる必要はなくて、歯磨きと同じ要領だと思ってもらえればいいです。子どもの手足がバタバタ動かないように仰向けに寝かせてしっかりと大人の股に子どもの頭を固定します。ジタバタしないように、しっかりと固定しますが、顔はニッコリ、声かけも楽しく優しくします。そこが大事ですね。お母さんが必死になって押さえていたら、押さえられるだけで「もう嫌だ」となるし、薬も苦いので泣いてしまいます。まあ、最初のうちは、どちらにしても泣いてしまうのですがね。

だから、お母さんには「子どもは泣きますよ、ものすごく泣きますよ」と事前に説明しています。そして、子どもを押さえてスプーンで薬を飲ませるときに、ラムネ菓子やヨーグルトなど、その子が大好きなものを用意しておきます。普段はあげないようにしておいて、薬を飲んだ後だけそれをあげます。「お薬の時間よ」と言ったら、好きなものがもらえるというふうにしないといけません。

「お薬の後は、好きなものがもらえる」ということを繰り返し経験していくと、股に挟んでいる子どもの「いやだ、いやだ」という抵抗する力がだんだん抜けてきます。これは根比べですよ。子どもが泣こうがわめこうが、構わず必要なお薬は飲ませること。泣いたからといって、お薬を諦めるわけにはいかないでしょう。子どもは泣くものです。叱ったり怒鳴ったりする必要はまったくありません。しかし、子どもと根比べをするならば、絶対に負けてはいけません。最後にはお母さんが必ず勝つこと。そういうふうにしていけば、次第に力が抜けていくので、お母さんも今までみたいに強く押さえなくてもよくなります。しばらくしたら、押さえる必要もなくなり、「お薬の時間よ」と言うだけで、薬を飲むようになります。

飲んだ後、普通に「アイスどうぞ」とやっていけば、そんなに難しいことではありません。私が指導している2歳の子どもたちは、3歳になる頃にはちょこんと座って一人で必要なお薬を飲むようになる子がほとんどです。

小林式 子どもが飲みやすい方法を考えましょう

まず、子どもが2歳くらいなら、飲みやすいシロップの薬というのは、本当に飲みやすいのか、好きかどうかということを一度、疑ってみるといいですね。シロップよりも、錠剤や粉の薬を、何かに混ぜて飲ませた方が飲みやすい場合もあります。例えば、牛乳が好きならそこに入れてしまうとか、チーズが好きなら、中に入れてしまいます。そうすると、そのまま食べてしまうんです。だから、シロップが飲みやすくていいと言っているけれども、塊だからだませる場合もあるし、粉にすることもできるわけです。薬をもっと細かい粒にしちゃうこともできます。

だから飲みやすいというのは、親が飲みやすいと考えているだけなのか、子どもにとって本当に飲みやすいものなのかということを、もう一度考え直さなければいけません。子どもにとって飲みやすいというなら、そのシロップが、どんなシロップなのか、オレンジ味なのか、何味なのか……。とにかく抵抗なく飲める方法を研究したほうがいいでしょう。

Q12 Question

着替えに時間がかかります。

自閉症の息子ですが、もう５歳になりました。着替え中にモタモタします。自分で着替える力はあるのですが、いつもボーッとして、何度も声を掛けなければ、先へ進みません。よそ見をしたり、鼻歌を歌ったり、独り言を言ったり、とにかくやらなければならないことと関係ないことをしていることが多くて困ります。

Answer

小林式 バックワードチェイニングで素敵なゴールを用意しましょう

着替えというのは一つの流れ、つまり順番のある活動です。だから、着替えをスムーズに行なうためには、活動が終ったところで何か素敵なことが起こったり、楽しいところに行けるというような状況を設定してみるのです。着替えたけれど特別うれしいこともなく、保育園にいくのを渋っているようでしたらモタモタするのが当たり前ですね。

着替えのゴールを考えたとき、保育園が楽しくて仕方ないということであれば、それがゴールでいいのです。そうでない場合は、「保育園に行く前に美味しいものを一口食べられるよ」とか、「着替えが終わったらブランコに乗れますよ」と、素敵なことをゴールに設定してみましょう。保育園などで着替えるときには、「終ったらトランポリンに乗れますよ」という約束をすればいいわけですよね。

しかし、それでもスタートからゴールまで時間がかかってしまう場合があります。そんなときには、子どもの着替えの手伝いをしてあげるのも一つの方法です。「手を入れて、肩を入れて、最後のジッパーを上げられたら合格！」とすれば、子どもはジッパーを上げるだけでいいのです。「さあ遊んでいいよ」というゴールがすぐやってくるのです。着替えるたびに、子どもが自分でやらなければならない部分を増やしていきましょう。

ゴールからスタート、つまり、服を着替え始めるところまでを逆の順番で拡げていくわけですね（バックワード）。活動全体がこのような順番で訓練をすると早くできるようになります。最終的には、スタートからやってゴールまで、短時間でできたらごほうびが出るようにします。モタモタしている子どもでも、最初はジッパーあげるだけですので、すぐすみますよね。ブランコに乗れるとかお菓子が食べられるとか、子どもにとって素敵なことを実現させるためにスピードアップさせていきます。このような逆から順番に訓練するテクニックを**バックワードチェイニング**メソッドと言います。

ここでしっかり確認しておきたいのが、親御さんでも先生でも、着替えをさせるときにはじめからやる方が多いんですね。「ほら右、そっちは手を上からやるんでしょ」と、グズグズしている子どもは、スタートから嫌なことを言われ続けて、ようやくゴールできるわけです。これで「はい、遊びにいっていいよ」と言われても、その前の行動と遊びに行くことへの許可がつながらなくなります。

叱られるための着替えにならないよう注意しましょう。

Q17でも紹介しますが、「片付け」でもこのテクニックは有効です。

奥田式

着替えるための雰囲気づくりと「慌てる練習」をしてみましょう

このような場合、私は、次のような練習をしてみます。家の中に着替える場所を作ります。タンスの向かいに正方形のマットを用意して、マットの上にはカゴを置いて、カゴの中に着替える服を置きます。そして30分の間に5回くらい着替える練習をしてみるのです。

ストップウォッチを持って「競争だ！　ヨーイ、ドン、早く、早く、早く!!」という感じでせかします。叱るように言ってはいけません。運動会のかけっこを応援するようなイメージでやるのです。少しでも早く着替えられたら褒めてあげて、シールを貼らしてあげましょう。そして「1回目終わり！　2回目いくよー、次またこっちで着替えるよ！　ヨーイ、ドン！」と続けてみます。

着替えに合わせて運動会の音楽を流すのも効果的です。子どもが好きでも嫌いでもなく、慌てさせるような曲がいいですね。

こうした「慌てる練習」を普段からやっておくようにします。子どもがウロウロして、マット以外の所に行ったりすることもありますが、そういうときはマットの上に連れ戻して、「急いで、急いで！」とせかし続けます。1か月もすれば、時々ボーッとすることはあると思いますが、以前よりも着替えるスピードは短縮されるでしょう。そうなれば、「急いで、早く、早く、早く！」というプロンプトを減らしていくようにします。プロンプトは、徐々に減らしていくのがポイントです。

着替えるための雰囲気づくり（マット・カゴ・音楽など）が、ちょっとしたアイデアですね。そして、このような指導法は、他でせかしたい場合も応用がきくものなので、着替え以外の日常生活でも試してみる価値があります。

Q13 Question

お小遣いの渡し方を迷っています。

小学校４年生。お小遣いをどのようにすればよいのでしょうか。「いらない」と言ったり、足りなくなったら「ちょうだい」と言ったり、気ままです。祖父母が１万円以上のお小遣いをあげようとするので、それは両親で貯金して管理しています。「ちょうだい」と本人が言えば、本人の貯金なので渡すようにしているのですが、もう少し自分で計画的に考えさせてみたいと思っています。

A Answer

奥田式

「お金はなくなってしまう」ということを教えましょう

私が実際に見ているお子さんのことですが、本当はお小遣いが欲しいのに「いらない」と言ってしまう、天の邪鬼なところがあります。子どもが気分で「いらない」と言ったときは親もあげませんし、お金がなくなって「ちょうだい」と言ったときは親もあげていました。

結局、子どもの「いらない」「欲しい」という気持ちに親が従っている状態で、子どもの思うがままを許していることになるのです。

まずは、そのように育ててきてしまったという側面があるのです。その結果、親御さんが子どもに振り回されて困った状態に陥っているわけです。

おじいちゃんとおばあちゃんが1万円以上のお金を渡してしまうので、親御さんは戸惑いながら断ることもできず、貯金にするという形で預かっています。「これは預かっている貯金であって、子どものお金」と認識しているので、子どもが「ちょうだい」と言えば、渡してしまうそうです。

最近では24時間のATMもありますが、基本的に銀行では朝から夕方までの営業時間以外の時間帯はお金が下ろせなくなるので、お金が必要な人は時間を考えて、銀行が開いている時間に下ろしに行くわけですよね。

サラリーマンなら給料もたいてい月に1回ですし、年俸制で年に1回の給料という人もいるわけで、欲しいときに必ずもらえるわけではありません。ですから、このまま「欲しい」と言えばいつでもお金がもらえると思って大人になってしまったら、このお子さん自身、将来困ってしまうことになるのです。

そこで、この子が「いらない」と言えないようにすることを目指すよう計画しました。まず、毎週土曜日をお小遣いの日に決めて、子どもがこの日に「いらない」と言った場合には、その週のお小遣いをあげないようにしたのです。

そして、月曜日から金曜日までの間にお小遣いが足りなくなっても、土曜日以外は絶対にあげずに、「貯金からちょうだい」と言っても絶対に渡さないようにしました。これを一家全員のルールにしてもらったわけです。

そのように決めた後、またこれまでのように土曜日に「いらない」と言ったのにもかかわらず、その翌日に「ください」と言ってきたことがありました。でも、そのときにこの子は初めて「もらえなかった」という経験をして、次の土曜日まで買いたい物が買えなかった経験をすることができたわけです。それで、その後は二度と「いらない」と言わなくなりました。このことによって、一つ目の問題は解決できたわけですが、お小遣いを自分自身でどのようにコントロールしていけばいいのかという、セルフコントロールの課題が残っています。

将来的に、大きなお金をもらったら自分で貯金をして、必要なときにそれを使えるように、今のうちから習慣づけてあげたいですよね。そのために、今回の場合、豊富にある貯金をないものとして考えました。実際に貯金をする・しないは別問題ですが、大きい買い物をして残金ゼロにしてしまったと考えてもらったわけです。

そして、まずは親御さんにお子さんが週に何円くらいお金を使っているのかを計算してもらいました。このお子さんの場合は、1週間に使うお金が400円という計算になりました。そこで、毎週土曜日に500円を渡すようにしてもらいました。

なぜ、少し多めの500円にしたかと言うと、無駄遣いをせずに普段使っている400円で支出を抑えられれば、100円ずつ積み立てていけるからです。4週間で400円積み立てができるわけですよ。もし、子どもが400円の月刊マンガを買いたいと思っているのであれば、1週間で100円ずつ残していかないと買えなくなってしまいます。500円あるからといって、使い込んでしまえば、月末に店頭に並ぶ月刊誌が買えないという事態が起きてしまうのです。

親御さんには、子どもになるべくこういう『困った事態』を経験させてあげてくださいと伝えています。一度、お金がスッカラカンになる経験をさせてあげたいと思っています。もう小学校4年生ですし、「買えない」「足りなかった」という経験をしておかなければならない時期です。

このくらいの年齢であれば、お金は使いすぎて所持金が無くなる、買いたい物を買えなくなる、でも貯めることができれば大きな物が買える、ということを学習しておく必要があると思います。

計算をして使うことを覚えてほしいのです。親御さんも、子どもの主張に流されるだけでなく、子どもの日頃のお金の使い方をよく見て、「ちょっと衝動的に使い込むと痛い目に遭いまっせ」という程度のお小遣いを、計算して渡してあげる必要があります。心理学的、経済学的な視点が必要になるのです。これくらいの年齢の子どもさんが、少しずつ積み立てたお金で月に1回のお気に入りの物を買うことを計算する習慣がつけば、徐々に積立期間や金額などのハードルを上げることもできます。

積み立てや貯金をする際にも、自分で貯金箱に入れさせるなど、できる限り自分で管理させてあげてほしいですね。そうすると、ある程度の金額がまとまったときに、「自分で貯めた」という手応えも得られるでしょう。現実的な金銭感覚を身に付けていくための大切なプロセスで、この時期では発達的にとても大切なものなのです。

このようなお金の問題とかセルフコントロールのことなどは、学習すべき大事な発達課題なので、このお子さんも練習中なのですが、この方法でうまくいっています。

小林式
本物のお金を実際に使ってみましょう

まず、お金を使うことは覚えたけれども、お金（コイン）と値段の関係が分からないレベルのお子さんもいるものです。自動販売機などを正しく操作できるようにして、お金の重みを体験することが必要でしょう。本物のお金での数の学習は効果的であることが分かります。

子どもによっては、最初から1週間、1か月単位でお小遣いをあげても問題ない子どももいますが、これは、お金の勘定がある程度できる子どもの話です。

一人ひとりのお子さんの状態にもよりますが、1日◯◯円のお小遣いからスタートせざるを得ないお子さんもいると思います。例えば、1日１００円と決め、もし残ったら、次の日は残った分にその日のお小遣い（１００円）というような方法です。

当然、そこで何を目標にしたらいいかといいますと、まずは1週間に５００円くらいの単位のお金を管理できるようになることをねらいにするといいでしょう。お小遣いをあげる日も、毎日あげる状態から二日に一度あげるなど少しずつ変えていって、まずは1週間を完全に管理することができるようにしてみてください。

その次はアメリカの給料のように2週間単位、その次は日本の給料のように1か月単位とか徐々に期間をのばして、予算を組んで決算をするようにすればいいでしょう。

きょうだいやお父さんなど、家族みんなでお小遣い帳をつけるといった方法で巻き込んで、セルフマネージメントできるように進めていくというのが、基本的なやり方になると思います。三日坊主の小遣い帳にならないように、家族全員でがんばりましょう。

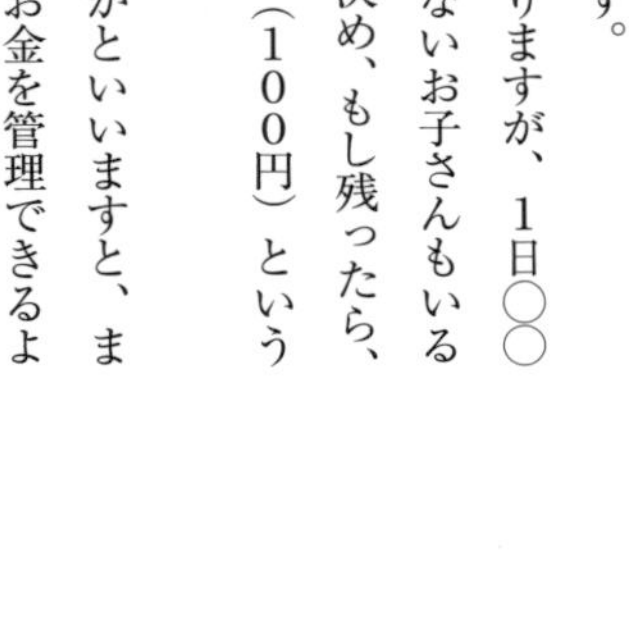

第2章 遊び編

遊びを元気に楽しく

Q14 Question

一人遊びが多く、人を避けてばかりいます。

自閉症と診断されたばかりの２歳半の子どもです。なかなか目も合わせてくれません。一人遊びも多いです。お母さんと一緒に遊ぼうとすると逃げてしまいます。体をさわって抱っこしようとしても逃げていきます。このようなことを医者に相談したところ「対人回避をもっている典型的な自閉症の症状です」と言われました。一緒に遊ぶためにはどうすればいいのでしょうか？

A Answer

小林式
バルーンの原理とシンクロナイズの原理

はじめて自閉症児とのキャンプに行くという学生に、まず最初に私が教えるのは**バルーンの原理**と**シンクロナイズの原理**という二つのテクニックです。

まず、バルーンの原理というのは、相手の目と、自分自身の目の距離を、さしわたしにして円球をイメージ化します。例えば、優しい顔をして待機している人の方に目を合わせて近づいてきます。子どもが、フッとそっぽを向くポイントがあります。遠くの方では見てくれるのですが、ある距離まで近づくとフッとそっぽを向くのです。このポイントでの目と目の直線距離がさしわたしです。

学生には、この空間に入り込まずに相手と付き合いなさいとアドバイスします。球の空間内には手を出さず、スーッと弧を描きながら接近していきます。教材などを提示するときも、球の周辺にそって差し出すようにします。

さらに、身長差があるといいですね。以前こんな子どもがいました。

保育園に通っていた子どもで、最初は全く平気で飛び回っていたのですが、途中から登園拒否になってしまいました。この子どもは身長差があった先生には接近できたのですが、友達と接近したときに、「あっ！ 顔があった、目があった、パッと接近してきた」と気がついてしまったんです。子どもからしてみたら、こんなに恐ろしい事態はないですよ。同じ高さに目がくるんですから。

でもバルーンの原理を用いれば大丈夫です。身長差がある場合は、お互いに接近しても高さが違うので、自然とこのさしわたしができます。だから、子どもが近づいてきたときに、先生が目の高さを合わせようとしゃがみこんで「こんにちは」と挨拶することは、もろに過剰な刺激を与えてしまう可能性があります。こういう場合は、目玉のないお腹で受ければいいのです。

学生たちにも、「顔と顔を近づけないで高さを変えて接

近し、優しく触るようにしましょう」とアドバイスしたら、子どもたちとうまく付き合うことができるようになったと報告を受けました。

もう一つがシンクロナイズの原理です。いろいろな場面で平行して同じ動きをします。ようするに「ミラーのようになれ」ということですね。

この原理を利用する場合、例えば、子どもがロッキングしているときに同じ動きを一緒にします。これがシンクロナイズです。そうすると子どもは、同じように動いてる仲間ができたといって、相手に対する抵抗が少なくなります。

プレイルームで子どもたちが走っているときに、横に並んで走ります。速度を変えたり正面に行くのはよくありません。子どもは逃げてしまいます。こうしたときには、とにかく子どもと同じ速度で、自分がリードせずに半歩遅れて走ってみようとアドバイスします。そうすると子どもも自分の好みの速度で走ることができるからです。こうして十分安心させておいてから、手をつないで誘導するようにしていきます。焦りは禁物です。

とにかく一緒に走る、一緒に動く、というのがシンクロナイズの原理です。

奥田式

ブルブル握手脱感作法で緊張を減らしましょう

小林式と奥田式、原理原則は同じだと思います。

対人回避については、積極的に対人的な刺激を好きにしてしまおうという方法を使います。まずは「皮膚の接触の嫌悪」という感覚的な緊張を減らします。

いくつか方法がありますが、ここでは奥田式の**ブルブル握手脱感作法**を紹介します。

大切なのは、アセスメントしながらの介入です。目を合わせて顔を近づけると、最初の段階では嫌がる子どもが多いです。握手されても嫌がるし、手を引っ張られたりするのも嫌がるわけです。でも、握手した時点でアセスメントと介入をしているわけです。握手をして子どもがどのように嫌がったのか、何秒くらいで手を引っ込めたのかなど……。そして、握手したときにブラブラブラと小刻みに揺らしてみます。手のひらをマッサージしたり、腕をブルブルしてみます。そのときに子どもの顔がひきつったのか、それとも喜んだのか、はたまた緊張して腕を引っ込めたのか。これは触らないと分からないんですよね。握手しながらただ「こっちおいで」と言うのではなくて、この握手した手から、この子はどういう引っ張り方をすると嫌がって、どうすれば嫌がらないのか、ということをアセスメントするわけです。職人芸かもしれませんが、こんな刺激を嫌がらなくなるまで続けていくという方法です。なるべくいろいろな方法と組み合わせてやるといいですね。

例えば、はめ板パズルが完成した瞬間とか、最後のブロックが積み上がった瞬間に「できたねー!」と、ほんの一瞬さりげなく触るようなテクニックを用いてみます。子どもにとってはパズルができた瞬間がうれしいわけですから ね。このパズルの完成したうれしい瞬間に、ほんの一瞬だけ便乗してお触りさせてもらう感じです。こういうのを、**どさくさまぎれタッチング法**と呼んでいます。

典型的で一番いい方法は、セラピーボールなどの大きなボールを使う方法です。壁の二つの隅のコーナーにボールを固定して子どもを乗せてみます。トランポリンが好きな子どもには特にお勧めです。トランポリンだと一人で遊べるわけですけど、ボールの上をピョンピョン飛ぶためには、先生の手を持たないとできないからです。先生は子どもの手を持って手伝ってあげます。ピョンピョンと跳ねている子どもは、跳ねる刺激に集中しているわけです。しかし、結局このときには先生と握手した状態になっているわけです。

ただ遊んでいるように見えて、実はどんなふうに触ったら嫌がらないかということを、あれこれ考えながらやっているのです。これができるようになったら、普通のトランポリンをしているときに背中から触れてみたり、正面から触ってみたりします。気がつくとトランポリンへ行く際に、子どもの方から手をつないできたりすることもあります。うまくやれば、子どもから「握手して!」という感じで手を出してくるようにもなります。これがブルブル握手脱感作法です。

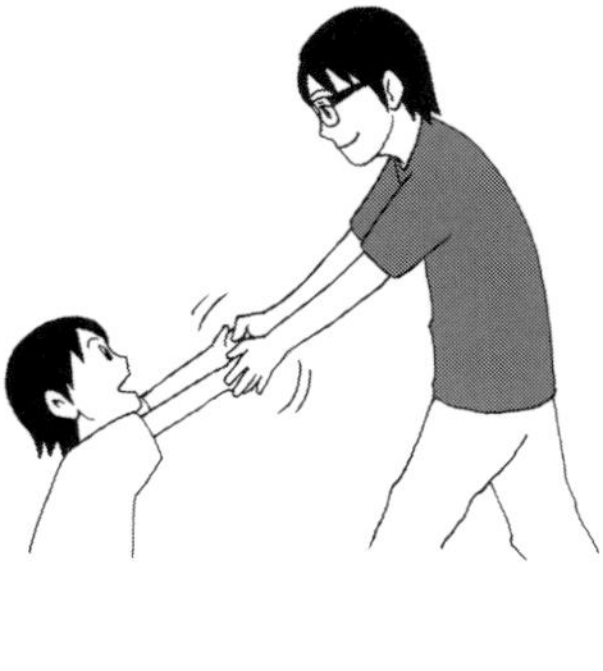

Q15 Question

遊びのやりとりができません。人とのやりとりを高める秘訣を教えてください。

３歳の自閉症男児です。放っておくと何もせずに徘徊しています。部屋の中で小物を使って遊んだりしてほしいのですが、小物を手にしてもポイとしてしまい、部屋の中をウロウロと徘徊しています。この遊ばないという状況は何とかなりませんか？

Answer

小林式

後ろから追いかけてみましょう

ダイナミックに動く子どもは、一般的にいろいろな面で育てやすいです。様々なレパートリーを持っているわけですからね。逆に何もしないでフワフワしている感じの子どもは、なかなか伸びにくいように感じます。

何もしない子どもを、ダイナミックに動き回る状態へといかに近づけていくかが、このようなお子さんには本当に重要です。動き回る状態というのは一般的には、手に追えない子ですが、走り回っているところからスタートできるからいいことなのです。

ウロウロと徘徊している子どもには、親御さんに「追いかけましょう」とアドバイスします。後ろから追っかけて、子どもが立ち止まったらくすぐったりして、子どもが「キャッキャッ」と言うように仕向けていきます。子どもがどんどん逃げるようになれば、活動性もさらに高くなっていきます。とにかく後を追いかけてくすぐり続けましょう。これで活動水準が高くなります。

子どもが2、3歳くらいだったら、早く多動の子どもにしてしまいましょう。

もし、ずっと朝から晩まで走り続けているのであれば、「1日中走っているんだったら、将来、マラソン選手にすればいいじゃない」という気分を親御さんがもつことも大切です。親も多動になって一緒に走るといいですよ。

奥田式 くすぐったりしてかかわりを増やしましょう

自閉症のお子さんで何もせずに徘徊ばかりというのは、知的な遅れが重い子どもさんと同じように、なかなか伸びないものです。

放っておくと徘徊してしまう場合には、小林先生のような方法でを仕掛けるのが基本です。人に対する反応性を高めることを目指すのです。待っていてもしょうがないのです。

人に対する反応性を高める方法の一つが、「くすぐり」です。最初は嫌がるかもしれませんが、コチョコチョとくすぐりを仕掛けてみます。くすぐると子どもは逃げるようになり、こちらが近づいても逃げていくようになりますね。

このやりとりを、しばらく繰り返していきます。そのときに大切なことは、子どもが本当に嫌そうなのか、それとも目を見てニヤッと笑ってくれているのか（逃げるけど、くすぐりを期待しているのか）など、子どもをじっくり観察することです。

本当に嫌そうな場合、接近の方法を変えてみたり（前から直線的に近づかず、斜め後ろからそっと寄り添う感じで接近するなど）、接触の方法や場所を変えてみたり（首筋や脇腹ではなく、足の裏やふくらはぎなど）、工夫しながら嫌がらない程度のくすぐり方法を探るのです。また、どさくさにまぎれて触る方法（Q14）もあります。トランポリンでジャンプするのを手伝うふりをして、ジャンピングしながら腕や足の緊張を和らげていきます。

逆に、逃げるけれどもくすぐって欲しそうな感じであれば、かなり良い状態になってきています。こういう「かかわりを期待する反応」が見られた場合、子どもが喜ぶ「いっぽんばし、こちょこちょ」みたいなかかわり遊びが使えます。

くすぐり以外の別の方法もあります。親御さんに「子どもが寄ってくるものはありますか？」と尋ねてみると、お菓子を見たら寄ってきますというような場合です。お菓子をひとかけらずつ、割ってあげるのです。

袋ごと全部あげたら、一人で勝手に食べてしまいますが、ひとかけらずつ渡してみましょう。子どもは食べてまた戻ってきますからね。「お菓子が欲しいんだ、じゃあもっとあげるよ」と、お菓子をくれるお兄さんお姉さん、お菓子をくれる人になってしまうのです。最初は、子どもが寄ってきただけでもあげるようにして、人に対する反応性をどんどん高めていきます。そのうち、ただであげるのではなく握手をしてみましょう。握手のついでにくすぐってみましょう。目が合うまで少し待って、目が合ったらお菓子をあげましょう。

さらに反応が良くなれば、単純な作業をやらせてみてもいいと思います。シールを丸印の上に張らせるような単純な作業です。徘徊してボーッとしているのならば、放っておくより何かお仕事やらせましょうという感じです。

確かに、作業をやらせるというのは、最初は自発的な遊びとはいえません。しかし、こうした単純な作業の繰り返しが、遊びになる場合もあります。単純作業自体が楽しくなってくる場合も、やりようによっては多々あります。そのうち、自発的に作業グッズを取り出して遊び始める子どももいますし、あるいは作業グッズを母親の所に自発的に持ってくるような要求コミュニケーションに発展する可能性もあるのです。

繰り返しますが、「人に対する反応性を高めましょう」というのがポイントです。最初は押しつけかもしれませんが、積極的にかかわることが大切です。

Q16 Question

遊びは一人遊びが中心で、物を並べることに固執しています。

４歳の自閉症男児です。物を並べたりするだけで、子どもらしい遊びをせずに一人遊びばかりしています。いま、定期的に相談に行っているセンターでは、「自閉症は治らないので見守るしかないですよ」と言われましたが、何もせずにこのまま放っておくということは納得できません。自閉症状にあるような、物を並べるこだわりは、やめさせたほうが良いのでしょうか？　またやめさせる方法はありますか？

Answer

奥田式

はまる遊びは必ずあります

この親御さんのご質問は、おそらく親が思っているような遊びを子どもがしてくれないということなのでしょう。例えば、４歳くらいの子どもですと、街の中を車が走っているようにミニカーを使って遊ぶイメージができますね。しかし、このお子さんの場合、ミニカーの角度に気をつけて、ひたすら並べて遊んでいるのでしょう。

このような「単に並べたりする遊びは適切ではない」と思われる親御さんがいらっしゃると思いますが、これはその子どもが現在もっている行動の特性でもあるわけですよね。だったらこの特性を活かして、周囲の大人が遊びのレパートリーを拡げてあげればいいのです。ですから、このような遊びをやめさせてはいけません。並べるのが好きで上手なら、並べ方をダンボールや紙皿の上に並べるとか工夫してみたり、邪魔しない程度に一緒に手伝ってあげたりしてみましょう。その先にある目標は、遊びの新しいレパートリーを増やすということです。

「子どもらしい遊び」と一言で言いますが、「子どもらしい遊び」というのは、親が思っている子どもらしい遊びであって、こだわりのある子どもにとっては自分らしい遊びをやっているはずなのです。そのような遊びを無理矢理やめさせたことによって、逆に徘徊するだけの状態に戻ってしまったら、余計に悪い状態に陥ってしまいます。

ですから、「レパートリーを増やしましょう」とアドバイスしているのです。ただ、レパートリーを増やすといっても簡単にできるわけではありませんよね。「この遊びやってみよう」と10個くらい遊びを提案しても、たいていの場合、子どもにふられてしまいます。「これも遊んでくれません、あれも遊んでくれません、やっぱり遊びが偏っています」と親御さんは嘆きますが、ここは根気強くチャレンジし続けましょう。どの遊びがヒットするか分からないわけです。もしかしたら安いおもちゃでもいいかもしれませんし、100円均一のお店にあるガーデニング用のカップのようなものがおもちゃになる場合だってあります。とにかく柔軟な発想で、子どもの遊びのレパートリーを拡げていくという発想で取り組んでいただきたいと思います。

小林式
「並べる」ことを中心とした遊びを増やしましょう

ミニカーを並べたり、積み木を畳のふちにズラッと並べたりすることに興味があるいうことは、このお子さんには「並べること」にこだわりがあるということがわかります。

きちんと並べることに興味があるということは、「並べる」遊びのレパートリーが拡大されやすいということになります。遊びというのは、創造的で広範囲であり、拡げにくいところを無理矢理に拡げるということは難しいのです。ですから、まずは「並べる」ことを中心とした遊びを増やして、そこから突破口を考えていきましょう。徐々に、興味、関心に拡げていくというスタンスでいいのではないかと思います。

遊びの例としましては、パズルよりも簡単な絵合わせ（分かりやすい絵を二つか三つに切ったくらいのもの）がお勧めです。これも並べる行為の一種ですね。徐々に増やしていくといいですよ。

並べた積み木を箱にしまうこともできるかもしれません。ササッとしまいピシッと蓋を閉めて満足するお子さんもいます。

いろいろと片付けをしてくれるようになれば、家族からの褒めことばが続出して、家族の一員としての立場が変わってくるのではありませんか。

Q17 Question

片付けがなかなかできません。

多動の強いタイプの自閉症と診断された５歳児です。日常生活上の指示の理解はある程度でき、ことばも少し出ています。毎日のように困っていることは、おもちゃで遊んだら、遊んだままで、「片付けなさい」と言っても片付けません。粘り強く叱っても、全然効果というか手応えが感じられません。具体的で良い方法を教えてください。

Answer

小林式 「片付けなさい」がごほうびになっているのです

「片付けなさい」と何回注意してもやってくれない子どもというのは、障害の有無にかかわらずよくある話です。こういうとき私は、「お母さんは口を開けば、『片付けなさい』とか『汚いんだから掃除しなさい』とか、言っているんじゃないですか?」と親御さんに聞いてみます。子どもにとっては、「お母さんに何か言わせるためには、散らかせばいいんだ、そうしたら構ってもらえるんだ」と親が怒ることが子どもにとってごほうびになっている可能性があるのです。本当に「片付づけなさい」と言われることが恐ろしければ、子どもは片付けますよ。

この質問のような子どもの場合は、お母さんの声が聞きたいのでしょうね。

こういう場合、もしお子さんが外へ出るのが好きなのであれば、「お出掛けしますから片付けない」と、こういうような流れがいいでしょう。「片付かない限り一緒に外へ行かないし、遊びにも散歩にも行かないよ」と、このように宣言するしかないでしょうね。「片付けなさい」と親が怒ることがごほうびになっている限りはなかなか解決しませんので、片付け行動がうれしい行動へとつながるようにしてみましょう。子どもだって、いいことがなければ片付ける気にならないものだと思いますよ。

奥田式
バックワードチェイニングを応用しましょう

片付けのテクニックの話をしましょう。

例えば、片付けなければならない物がアルファベットのＡからＺまであるとします。そして、これを全部片付けていくとします。親御さんからするとＡからＺまですべて片付けてほしいのに、子どもがなかなか片付けないから叱ります。叱られるので子どもは片付け場面が嫌になってしまいます。このような状態が毎日毎場面、続くわけです。

このような場合、支援をするときにＡを片付けて、次にＢを片付けて、そしてＣを片付けて、ボーッとしたら注意して……という指導をしているから、うまくいかないのです。そこで実際にどんなやり方をしているかというと、Ａ、Ｂ、Ｃ……と全部こちらが片付けていくわけです。そして最後のＸ、Ｙ、Ｚくらいを残しておきます。そして、遠くから「片付けてね」と言うのではなく、子どもを片付ける物の目の前に座らせ、「はい片付けるよ、入れてね」と、子どもが片付けざるを得なくなるように、後ろからさりげ

なく一緒にやってみるのです。

最初は、最後の三つだけをなるべく本人の手でやらせてみて、その三つが片付けられたら褒めてあげるようにしてください。AからWまでは、大人が何も言わずに片付けておいてあげることもポイントです。そして徐々に、子ども本人に片付けさせる物を、残り四つ、残り五つと増やしていき、最後は子ども一人で全部片付けられるようにしていきます。最初から欲張ってAからZまで全部自力で子どもにやらせようとするから時間はかかるし、お母さんはイライラするし、子どもは怒られるし、いいところが全くありません。

どうしてもお母さんはイライラしがちになってしまいますが、「最初は残りの三つだけ片付けようね」と目標設定を下げれば、片付けがスムースに完遂しやすいので、一人でできた喜びが生まれるわけです。実際にはほとんどお母さんが片付けているのですが、子どもにしてみればお母さんに褒められるし、片付けができてスッキリしたという気持ちよさもあるし、さらに、次の活動に移れることも喜びとなります。

ここで紹介した方法は、**バックワードチェイニング**の応用です。この方法を最初から実践している人は少なくて、どうしても最初から片付けをやらせようとして、Aも注意しながら手伝う、Bも注意しながら手伝う……としているうちに時間がかかってしまい、親御さんもお子さんも片付けが嫌になってしまうのです。残りの少しだけを自力で片付けましょうというバックワードチェイニング、これをうまくやればとても効き目があると思います。子どもが全部自力でやったと思い込めること、これが大事なのです。着替えに関する**Q12**でもこのバックワードチェイニングを紹介しました。

Q18 Question

テレビゲームに夢中すぎます。このままで良いのでしょうか？

年長児です。「テレビゲームを買って、買って」とせがんできます。余暇は大切とはいえ、テレビゲームを与えるとそればっかりになりそうで、母親としては不安です。しかし、他に没頭してくれそうな遊びが、これといって見つかりません。テレビゲームを与えるとして、時間を守って遊んでくれるようにするには、どうすればよいでしょうか。

Answer

小林式 テレビゲームを取り入れた活動を増やしていきましょう

とにかく今はテレビゲームが一番で、大変楽しい時期なのでしょうね。そこで問題になるのは、テレビゲームの次に楽しめそうなものは何かを発見できるかどうか、それを発見するための努力をきちんとしているかどうかということです。

一般的にテレビゲームは、座った状態で目と手だけを使って遊ぶものが多く、いわゆる身体を積極的に動かすことがない活動になると思います。ですから、もし家族に身体を動かすことを好む人がいれば、子どもと一緒に運動するようにしてもらって、その活動がテレビゲームの次に楽しめるようなものになると、一番いいでしょうね。移行にあたって「身体活動のビデオ」「体の一部の活動を用いるデレビゲーム」などの利用も考えてみましょう。親子でテレビの前で「筋トレ」はいいですね。

ただ、このような運動だけを利用して、テレビゲームから切り離すことが難しい場合は、やはり時間制限法などを活用するしかないと思います。タイマーで終了ブザーが鳴ったら、テレビゲームはストップにする、というしっかりした約束をしておくのです。

また、勉強ではちょっと重たすぎるかもしれませんが、何とか他の活動に導いて、それができたら「はい、今度はテレビゲーム30分やっていいよ」とすることもいいでしょうね。テレビゲームを取り入れた活動を組み立てることによって、活動のレパートリーや興味の対象を拡げる必要があるでしょう。

いくつかの活動をさせたいときに、高頻度な活動や本人が好んでいる活動を後半にもってくると、その前の活動が活性化するという原理があります。

だから、この場合は、お父さんやお兄ちゃんと元気よく走って、帰ってきたらテレビゲームを一緒にやるようにするといいのではないでしょうか。この一緒にやるということも、活動のレパートリーを拡げていくポイントです。勝手にやらせて一人で没入させるよりも、みんなと一緒にやる方が効果的ですよ。

奥田式

テレビゲームを原動力にしましょう

テレビゲームを嫌っている親御さんは多いですね。そこで、「ゲームを与えなかったら何をしていますか？」と聞いてみると、ボーッとしているだけだったり、母親にべったり引っ付いたりしているだけで、特に何もしていないという子どもが多いのです。

本来、子どもは『疲れ知らず』なはずです。だから、ゲーム以外に何もすることがない状態の子どもたちを見ていると、もっと活動的に何かを探索して動けるようにするためには、その子どもの好きなもの、つまりテレビゲームを使わない手はないと思うのです。

ですから私は、「お母さん、買ってあげたらいいじゃないですか」とアドバイスをしています。お母さんは、ゲームを与えたらそればっかりになりそうだと心配しますが、ゲームを与えてもそればっかりにならないようにすればいいだけのことです。

そのためには、きっちりと親子のルールを守らせること、それから生活のリズムを考えて計画的に使わせることをセットに考えればいいわけです。

実際に子どもに自由にやらせて、放っておいたら、夕飯も食べずにやり続ける子もいます。だから、分かりやすいルールをつくってしまうのです。

例えば、「月曜日から金曜日まで学校のある日は17～18時まで、週末の土日は16～17時まで。この時間は自由にゲームしていいよ。でも土日に家族で外出する時はゲームができません」というルールを決めたとします。そうしたら、これを徹底して守るのです。

何らかの事情でルールが守れないような日に、20～21時にゲームをやらせてしまったとします。そのようなことをしてしまうと、翌日から子どもは、やりたくなったらそれくらいの時間にまたゲームができるのではないかと思ってしまうでしょう。

そして、なし崩し的に子どもは要求してくるわけです。でも、わが家でゲームができるのは、絶対に17～18時だけと決めて、例外をつくらなければ、子どもがうるさくなることもないはずです。決めた時間以外は一度たりともゲームをやらせず、指定した時間だけは確実にやらせてあげるようにしてみましょう。

子どもが熱中しているのがテレビゲームではなく、ポータブルゲームでも同じです。子どもが部屋に持ち込んで勝手にやってしまう心配がある場合は、お母さんの管理下において、17時になったら渡して18時には回収するようにしてください。そのような日々のルールを作っていけば何も心配はいらないのです。

親子で決めたルールを厳格に守るようにしてみてください。子どもにルールを押し付けるのではなく、親も守るということが実は大変なことです。約束というのは、守らせる側の方が重要になってくるのです。

子どもの側は騒いだり文句を言ったりすればいいわけで、それに対して親が折れてしまってゲームを自由にやらせてしまったり、渡しっぱなしにしてしまうという問題が多いのです。

こういうふうに時間を決めていくと、ゲームがいい余暇になってきます。小林先生も解説されていましたが、こんなに没頭できる高頻度行動、つまり高頻度に行動するものがあるのなら、それを楽しみとして残しておくのです。

そうすれば、この楽しみのために家でたくさんお手伝いしてもらうこともできるようになるのです。これほどに好きなもの（テレビゲーム）の存在は、いろいろなことをやらせる原動力にもなります。

ですから、ただボーッとしていたり、親にすり寄ってくるような子どもを活動的にしていくためには、好きな物の存在を利用してしまえばいいのです。

Q19 Question

高いところに登るのが心配です。叱っても効き目がありません。

医療機関で、多動性のある自閉症児と診断されたばかりの3歳児です。高いところが好きで、危険なところにもかかわらず、登ってしまいます。例えば、自宅のテーブルの上やテレビ台の上に登ったり、2階の戸棚から窓枠まで、登れそうなところは登ったりして、とても目が離せません。叱っても効果はありませんでした。良い指導方法を教えてください。

Answer

奥田式

家で「落ちる体験」をさせてあげましょう（危険性の高いケース）

子どもが2階の出窓部分に登り、足を踏み外して屋根を転がりながら落ちて骨折してしまう事故も起こり得ますので、このような危険な場所に登ることについては、やめさせなければなりません。事故が起こってから、対応するのでは遅いのです。

危険なところに登るという行為は、私でしたら1日で治してしまいます。後は、2日目に親御さんに練習してもらって仕上がりです。完全に治りますが、その代わり「お子さんは泣きますよ」と事前に親御さんに必ず説明しています。

私の方法としましては、このような場合、実際に子どもを〝落とすこと〟にしています。といっても、本当に高いところから落とすわけではありませんよ。家で畳の上に優しく落ちる体験を子どもにさせてあげるのです。優しくといっても、ある程度は身体に衝撃を受けますので、子どもは泣いてしまうわけですが……。間違ったやり方を続けるのはよくありませんので、自信のない方はまねをしないようにしてください。

人は登るときには右手をつけて、左手をつけて、右足か左足を上の段の所にギュッとつけます。これを、「登るための三点位置状態」と呼んでいます。子どもがこの状態になったとき、私は後ろからそっと寄って、一言も叱らずに抱え上げて、畳の上にけがをしない程度に一緒に倒れ込みます。子どもはけがしないように背中から畳の上に落ちるわけですが、ズシーンと落とされるので、子どもに衝撃が加わります。子どもに向かって「コラ!」なんてことは一言も言わずに、「大丈夫? 落ちちゃったの? けがしてない? 大丈夫?」と心配そうに優しく問いかけます。私が落としたにもかかわらず、「大丈夫? 怖かったね、高いところは怖いねー」と優しく言ってあげるのです。落ちたことにビックリした子どもは、「ウェーン」と泣いているでしょう。もちろん、落とし方が優しすぎると子どもは笑うかもしれません。ポイントは、「けがはしない程度だが、泣いてしまう程度に落とすこと」です。この辺りのさじ加減がうまくできない人や、専門家が保護者に無断でやることは厳禁です。

まだ幼くて理解言語の低い子どもさんですと、しばらくするとまた同じ所を登ることもあります。そこは根比べになります。「登るための三点位置状態」になるかどうかを、静かに観察します。「登ろうとしたら」なんてアバウトなことを言っていてはいけません。必ず、一点（片手）、二点（もう一方の片手）、三点（片足）が、ひっついた瞬間に抱え上げて落とすのがポイントです。足がついた瞬間に、後ろからバッと抱え上げて、ストーンと落として「大丈夫?

怖かったね、あそこ登ったら怖かったね」と。これで、2回目の経験になります。子どもによって個人差はありますが、あと1、2回くらいダメ押しでやっておくと、変化が見られ始めます。熱いストーブを触ったら、毎回やけどするのと同じようにするのです。無発語の子どもさんでも、熱いストーブを触ってやけどした同じ日に、さらに4、5回と触ろうとはしません。

この技法を、同じ日に3、4回使った後に、私が「○○ちゃん、一緒にあそこ登ってみようか」と引っ張って、いつもその子が登ろうとする場所の前に連れていくと、子どもは後ずさりするようになります。無発語の子どもさんでも、例外なくそうでした。「登ろうよ、登ろうよ」と誘いかけても、「やだ、やだ」という反応をします。

こんな提案を親御さんにすると驚かれますが、効果は大きいですし即効性もあります。この方法ですべての子どもが治っています。忘れた頃にもう1回くらいダメ押ししておくと完璧です。「コラッ!」と叱る必要は全くありません。けがをしない程度に落として衝撃を与えてあげましょう。こういう練習もなく、本当に高い所から落ちて取り返しのつかない大けがをしてほしくありません。私がやっている方法ですと、大人が加減してけがをしないように落としているわけですので、逆に安全なのです。柔道の受け身の練習とか、登山家の滑落訓練みたいなものです。

「高いところ登ったらダメだよ、怖いよ、けがするよ、足の骨が折れたらどうするの?」と、ことばも出ていない3歳の子どもにいくらことばで説明しても、「そうか、怖いからやめておきます」というふうに納得してやらなくなるわけではありません。ですから、落ちる経験を親切にさせてあげるわけです。しつこいですが、自信のない人は無理をせず、次の小林先生の方法も有効なアイデアですので参考にしてみてください。

小林式 体力をつけ、危険性の少ない高い場所を設定してあげましょう(危険性の低いケース)

高い所に登ることが好きな子どもは多いですよね。幼稚園とか保育園でも、ジャングルジムの上に登ったままおりてこないで、先生が追っかけてもさらに上に登ってしまうということはよくあります。

なぜ子どもは高い所へと登ってしまうのでしょうか?

一つの考えとして、子どもが人間の顔を正面から見たくないということがあげられます(Q14参照)。だから、上の方から鳥瞰図的に見るとか、逆に芋虫スタイルで地面に這いつくばって俗界を見るという行動を示す子どもをよく見るわけです。

大切なことは、「見たくないものは見たくないだろうな。高い所しか逃げる場所がないなら、なるべく高い所に登らせてあげたいな」という優しい気持ちをもつことですね。子どもの立場としましては、見たくないものを正面から見るのは辛いわけです。ところが、保育園に行くと「はい、今日も元気にきましたね~」と、先生の体全体としては好きなのに、見たくない顔が目の前にきたりします。子どもはゾッとして、「こんな所にいたくない!」と、慌ててブランコやジャングルジムへ走っていくわけです。そして「はぁ、ここまでくればあの顔が接近してこない、あぁ平和だ」と感じているのです。そこに逃げれば接近されないわけですからね。

私は、明らかに危険性のないケースなら、高い所に登っても落ちない体力づくりをすればいいんだと考えています。特に足首の固い子は高い所に登ったときに、柔軟性に欠け、バランスも崩すしやすくなります。いずれにしろ落ちない体力をつけることが重要です。

それから、危険な場を減らすことも大切です。保育園や幼稚園で考える場合には、ジャングルジムに登っても100%安全というわけにはいかないけれども、家の中では本当に危ない家具は処理をするようにしましょう。場合によっては、子どもがきちんと登れる所をつくってもいいと思います。子どもが登っても安全で、なおかつ高い場所で、下を見下ろせるような場所があってもいいではありませんか。最近は家庭用のジャングルジムもありますから、「登るならここよ」という場所を作ってあげてもいいですね。永久にそこに登っているわけじゃないし、だんだん大きくなってくれば登らなくなります。

基本は、危なくない体力をつくること、そして危険性のなるべく少ない高い場所を設定してあげることです。

Q20 Question

水遊びがひどくて、放っておくとずっと続けています。

特別支援学校小学部３年生になる自閉症の息子です。特に学校で水遊びがひどく、放っておくと何時間でも続けそうです。水を思いっきり出して、手で触って感覚的な刺激に浸っているように見えます。水ももったいないですし、服を何度も着替えなければならないので、今はとりあえず教室にある蛇口を全部外しているそうです。このままでは困るので、蛇口が付いていても水遊びをしないで済むようなアイデアはありませんか？

Answer

奥田式 レインコートを使ってみましょう

このようなお子さんに、私もしばしば出会います。

このようなときは、叱ったり、蛇口を隠したりするという対応になりがちですが、蛇口を発見したら、またやってしまうわけです。見つけたら家でも学校でもやってしまうわけです。

おそらく水遊びくらいしか遊びがない状態なのかもしれませんが、もし可能であれば、これから紹介する方法を試してみてください。

水遊びをしはじめたら、必ずちょっとした負荷をかけてみるのです。叱るのではなくて、「水遊びしたいんだ！じゃあ、おいで！」と子どもを呼んでレインコートを着させます。夏でも冬でもレインコートを着させて、前のボタンも全部しめます。着替えの練習にもなりますから、これは一石二鳥になると考えましょう。レインコートを着た状態であれば、水遊びをしても服を着替えなければならないほど濡れることもないので、とりあえずは何度も着替える必要がなくなります。さらに、子どもが水遊びをしたいと思ったとしても、水遊びをする前には必ずレインコートに着替えさせられるわけですから、ちょっとした行動の抑制にもなります。

また、タイマーなどをセットして、水遊びの時間を決めるようにする手続きも一緒に取り入れましょう。レインコートを着ているからといって、放っておくと何時間も遊んでしまうので、例えば「3分だけ遊ぶ」と決めておいて、タイマーが鳴ったら水遊び終了ということで、「ピピピーッと鳴ったから終わり、時間がきたから終了!」と、レインコートを脱がして普通の日課に戻らせます。

まとめますと、水遊びをするというときは、短い時間を決めて遊ばせてあげてください。その代わりに、遊ぶ前に必ずレインコートに着替えさせます。結果として、子どもは水遊びするためにはレインコートを着るという準備行動を伴うようになるので、水遊びに負荷がかかるわけですね。タダで自由にさせないわけです。

これを半年間続けてみてください。私が出会ったお子さんの場合は、1か月後には、1日単位で見ると水遊びをしても数回、しない日もありました。1週間単位で見ても、合計して5分も遊ばないくらいになって、見事に水遊びの回数や遊ぶ時間が減少しました。

もちろんこの間、他の遊びの支援も平行して行なっていたのですが、叱ったり叩いたりして止めさせるのではなくて、「○○をしたいんだったら、必ず□□をしましょう!」というように、遊びに負荷を掛けるというのが基本的な支援方法です。

小林式
他の刺激のある遊びを考えましょう

このように水を出して、長時間、手の平にあててうっとりしているような場合は、いわゆる自己刺激行動の一種になっているのだと思われます。

私の場合は、このような行動を何に置き換えられるかということを考えてみます。この子どもの場合は、おそらく手の平にくる強い刺激が自己刺激行動になっているのでしょうから、手の平への水の刺激と代替できるようなものを考えてみてください。

例えば、ねんど遊びや泥んこ遊びを取り入れてみるといいかもしれません。しかし、単なるねんどや泥ではベタベタするだけで刺激が少ないので、おがくずなどを混ぜると刺激が高まっていいと思います。

もう一つの方法としては、水遊びに執着しているのであれば、水だらけの環境、つまりプール教室に通わせてしまうのです。手の平だけではなくて身体全体を使って水で思いっきり遊ばせ、全身に水の刺激を与える方法もいいと思います。

つまり、行動の順番やパターンを変えることによって、頻度を減らせばいいわけです。子どもが自己刺激を求めるということは、その行動によって、周りの刺激が遮断されて、いい気持ちになれるということをきちんと把握し注意しなければなりません。それを把握した上で、それに変わる他の何かを探すことが一番オーソドックスなアプローチになります。

奥田先生の方法は、子どもの欲求や行動を中断させて作業を入れるというやり方ですが、これは効果がありそうですね。

自己刺激行動を無理矢理に止めようとするとパニックを起こす子どももいますが、奥田先生の方法では、レインコートのボタンをしめてきちんと着なければならないわけで、必然的にタイムインターバルが入るのですね。私も今度レインコートを実践してみたいと思います。

第3章　お友達編

お友達と仲よく

Q21 Question

幼稚園の門の前で別れるときに泣くようになりました。

３年前に知的障害のある自閉症と診断された５歳の子どもです。なぜか６月頃から幼稚園の門の前で泣くようになりました。はじめは元気にどんどん門の中に入ってくれたのに……。幼稚園でも、何か特別に気になるようなことがあるわけでもなさそうです。私が気にしすぎなのでしょうか？　とりあえず、幼稚園に預けるときの別れ際には、どのような対応をしたほうがよいのか教えてください。

A nswer

小林式

成長の証です

まず言えることは、このお子さんは大変成長したということですね。最初は幼稚園で、同じ年代の子どもがいても人間として見ていなかった可能性があります。しかしある段階で人だと気付いてしまったわけです。自分とほぼ同じ高さに顔があることが分かり、ショックだったのですね。しかも、自閉症児の多くは、他者の視線が苦手です。先生の所に飛んでいけば、目線がお腹あたりになるので、目玉がないわけですから落ち着くわけですが、仲間が恐ろしくなってしまっているのですね。ですがこれは大変素晴らしいことなのです。

対処法としましては、友達の目玉の存在、自分の予測に反した動きでぶつかってくる友達、といったことに慣れるのが大切ですが、慣れるまでどうしたらいいかという問題になります。

なるべく早く慣れることが重要ですので、しばらく先生に門まで迎えに来てもらうようにしましょう。そして、先生のお腹にべったりとくっつきながら、そのまま中に入り、先生にくっついた状態のまま、他の子どもをチラチラ見るようにすると慣れやすいでしょう。他の子どもを見なさいと命令するのではなくて、気持ちを落ち着けることのできる状況において仲間の子どもたちを眺めるようにしてみてください。

基本的に大切な点は、今までのように平気で入っていたときとは環境が変化したということです。多くの場合、同年代の仲間がいるということに気付いたことによって、門の前で泣くようになったのです。これは大変大きな進歩だといっていいでしょう。

奥田式

別れ際は速やかに

この質問の場合は、もともと幼稚園には元気に通えていたにもかかわらず、ある時点から様子が変わってしまったということのようですので、念のため、何か嫌なことがあったのかどうかということを含め、園からの情報を集めることが大事です。もし嫌なことが特になかったならば、変わったということはお子さんが成長している証拠といえるでしょう。親御さんにとっては大変なことなのですが……。

例えば、小林先生の話のように、友達を人として認識できるようになったというのも大きな成長です。また別の見方をすれば、それまでは母子分離が何の問題もなくできていたけれど、遅ればせながら母親に対する愛着が強くなってきて、「ママと一緒がいい」という気持ちが強くなっているのかもしれません。それはそれで大切なことですね。

幼稚園の中で特に何か問題があったわけではない、というのが確認できたら話は簡単です。別れ際に泣くことについては「気にしないでいいですよ」というアドバイスになります。しかし、いつまでも泣き続けられても親御さんとしては困ってしまいますね。では、どうしたらいいかということですが、さらにもう一つの情報を幼稚園から得なければならないことがあります。それは、「幼稚園の玄関前で泣いてしまいますが、お母さんと別れた後にどうなっていますか?」ということです。

私が今まで見てきたお子さんの場合、別れ際に泣いたとしても、迎えに来るまでの数時間、ずっと泣き続けているお子さんは一人もいませんでした。では、どれくらいの時間で冷静になるかというと、ギャーギャー激しく泣きはらしていた子どもでも5分、10分くらいで泣きやみ、後はケロッとして一人遊びを始めるという子どもがほとんどでした。中には30分ほどぐずる子もいましたが、数時間泣き続けるほどの体力のあるお子さんに会うことはなかなかありません。

別れ際に一つだけ気を付けなければならないことがあります。どうしたらいいのかというよりも、どのようなやり方がいけないのかというアドバイスになりますね。

例えば、別れるときに子どもを説得し、なんとか別れることができても、子どもがお母さんを追いかけて抱きついてきたとします。そこでまたお母さんが、先生のところに連れて行って子どもを預けても、お母さんがモタモタしていると子どもが先生を振り払って抱きつきに戻ってきます。

このように、「離れては戻る」を何度も繰り返していると、母子分離のときの嫌悪感はさらに強くなってしまう可能性があります。こんな「離れては追いかけ」のやりとりが繰り返されるほどに、切り替えが下手になるし泣くことも長引いてしまって、今までよりも状態が悪くなってしまいます。

ですから別れ際は、あっさりスピーディーにすることがポイントです。どうせ数時間後には会えるわけですからね。「1回だけ説明すれば十分で、説得する必要はありません。説得すればするほど悪くなりますよ」と親御さんにはアドバイスしています。別れるときは「じゃあね、またねー」と言って先生に預けて、子どもがギャーと泣いても後ろを振り返らずにお母さんは離れましょう。「別れ際に追いかけられたり、逃げたり、説得したりしない」。これが確実な方法です。

Q22 Question

空想のようなことを言っていたと思ったら、嘘をつくようにもなりました。

高機能自閉症と診断された４歳の息子です。最近、やたらと嘘をつきます。例えば、自分がこぼしたのに姉のせいにしたりと、すぐに嘘だとばれるのですが、また同じような嘘をつきます。他にも、「幼稚園の○○先生が持って帰っていいと言っていたよ」と真顔で言うことがあり、空想の世界なのか何なのか分かりませんが、あたかも本当にそう聞いたような様子なのです。正直、ちょっと心配しています。

A Answer

奥田式

嘘をつかせてしまうような状況をつくっていませんか？

これは、嘘の内容をアセスメントする必要があります。その場しのぎのすぐにばれるような嘘なのか、その場で叱られるのを回避するためのばれにくい嘘なのか。言い逃れのための嘘ではなく、ファンタジーにふけるような嘘なのか。

例えば、失敗したら親に怒られるという経験を積み重ねている子どもは、怒られたくないがために嘘をついてしまうことが多くなります。これは言い逃れのための嘘といえます。しかし、こんな嘘がつけるというのは、「正直に言ったら怒られる」ということを理解しているわけで、知的発達の側面では、ある程度の力をもつようになったといえるのです。

「嘘をついて困っている」とお悩みの親御さんは、嘘をついてしまうような状況に子どもを追い込んでいないかどうか、一度振り返ってみてください。

つまり、正直に言ったのに怒られる（損をする）という経験を日常的に繰り返していると、子どもは「叱られたくない、叩かれたくない」と怒られるのを回避するために嘘をつくようになります。「正直に言いなさい！」と子どもは親に追いつめられた挙げ句、本当のことを言ったとしましょう。正直に言ったのに怒られてしまうことが繰り返されると、正直に言う行動が減って嘘をつく行動が増えるのは当然のことでしょう。嘘をかくすために、さらに嘘をついていくという、よくある最悪なパターンに陥るのです。このように嘘が癖になってしまいますとこの癖はなおりにくくなってしまいます。大人になっても嘘をつき続けてしまうでしょう。

親御さんが、子どもの行為の結果だけをみて頭ごなしに叱り続けると、結局は「嘘をついて、ばれなければいいなあ」という子どもになってしまいます。

やはりまず、普段、どのように接しているのかということに気をつけていかなければなりませんし、正直に言ったら許してあげるくらいの度量がないといけません。正直に言うということに対し、その勇気と正直さを認めてあげるということが大事です。もちろん、それは内容によりけりでしょうが、何でもかんでも頭ごなしに叱るという接し方が良くないのは明らかです。

それから、もう一つの嘘のケースというのは、ファンタジー、作り話、空想、（妄想）です。以前、「○○君に靴を隠された」「水をかけられた」と言ってきた自閉症生徒がいました。実際、靴を隠されたことや水をかけられたことは事実であって、教師も確認していました。しかしある日、「○○君にトンカチで叩かれた」と言い始めました。今まで本当のことを言っていたのだから、親はトンカチで叩かれたのは本当ではないかと心配するわけです。嘘ばかりつく子ではなくて、本当のことを報告できる子でしたから。ただ、その子は相手の子のことが、いつも意地悪ばかりしてくるので大嫌いだったのです。

お母さんは心配して学校に確認したところ、今日はトンカチを使うような活動は何もなかったし、図工のときもそんな場面はなかったと先生に言われたそうです。

小学校も高学年くらいになってくると、「特定のクラスメイト憎し」という気持ちから、妄想と言えるような想念が増えてくることもあります。

何でかんでも子どもの主張を鵜呑みにするのではなく、そうかといって頭ごなしに疑うでもなく、実際に先生や友

達からできるだけ裏を取りながら、話は聞いてあげるようにしましょう。子どもの主張は聞いてあげるけれども、事実に基づいた主張にだけ焦点を当てて、聞き返ししていくのです。願望や期待、憶測や想像については無視します。つまり、言語機能の高い発達障害の子どもに対して、受容型のカウンセリングは不向きだといえます。むしろ、事実に基づいた話ができるように方向づけや修正を加えるようなカウンセリングが有効です。

最後に「正しい報告を教える」という観点からお話ししましょう。子どもが保育園から帰ってきたとき、今日は保育園で何があったのか母親はまだ知りません。子どもが「今日は保育園にピエロのおじさんが来た、ピエロが本当に来た」と言ったとします。行事予定表にも連絡帳にも、確かに今日はピエロが来る日になっています。この報告は事実です。子どもはさらに「ピエロのおじさん、面白かったよ！」というのも事実でしょう。お母さんも「あぁ、良かったね！」と話ができるわけです。でも、もし「ピエロのおじさんはトラックで来たよ」と言ったとしましょう。実際はトラックでは来ませんでした。つまり、ここは子どもの「想像」だったわけです。こういう場合は、「『トラックで来た』というのは本当？　違うよね〜」と修正しなければなりません。つまり、子どもの話している内容を取捨選択していく必要があるのです。そのために、まず帰ってきたら連絡帳を見て、なるべくどんなことがあったかを仕入れておくことを勧めています。うまく報告ができない子どもの場合、親御さんと保育園や学校が連携して情報交換をしておきましょう。

日常生活の中で、現実の話をしてきたときは思いっきり話を聞いてあげましょう。作り話でも面白い物語をつくったときならいいのですが、「○○君に嫌われている」「僕は最低男だ！」などという、自分を追いつめるようなネガティブな考えにお付き合いするのは気をつけたほうがよいということです。お付き合いすればするほど、励ませば励ますほど、ネガティブな考えが強まる可能性があるからです。お母さんが「どういうこと？」「何で自分のことを最低とか言うの？」みたいにお付き合いしてはダメです。

嘘をついた場合、まずどんな嘘なのかを見ぬくことが大事です。嘘をついてしまいたくなるような関わりを見直す必要もあります。また、嘘というよりも正しい報告ができるように**報告言語訓練**というものもあります。過去には近いものから遠いものまであります。2時間前、5分前、30秒前では、当然30秒前の方が正しい報告がしやすいわけです。最初は30秒前のことでさえ間違える子もいます。大人が「箱の中を見てきて」と子どもに教示し、子どもが箱の中を見て戻ってきたら「お人形、入ってた」などと箱の中身を報告させます。「箱の中に電車が入っていた？」と聞くと「電車、入ってたよ」言ったりすることもあります。嘘というよりも、単純に忘れているのか、つられて事実と異なることを言っているのかもしれません。

たった30秒前に見たものを忘れてしまったり、つられて別のことを言ってしまったりする子どもに、2時間前や4時間前に保育園でしたことをうまく答えられないのは当然だといえるわけです。だから、報告言語行動の練習が必要になってくるのです。

こうした「正しい報告をする」課題を練習したり、**ソーシャルスキル訓練**みたいなやり方があったりと、訓練の仕方もさまざまです。

小林式
嘘をつくと何が起こるか、ストーリーで教えましょう

嘘をつくという子どもは、誰かのせいにしたり、「勝手に持ってきたんじゃない、『持っていっていいよ』って言われた」とか、結局、自分を守ろうと、ストーリーをつくってしまうわけです。

だから、証拠をつきつけて、「嘘をついているね」と子どもを追い込んでいくのは、必ずしも適切ではありません。

このような場合は、ある種のソーシャルスキル、つまり社会的な技能の問題となります。みんなと仲良くやるために、自分のものと、自分のものでないものをはっきりと識別できる力が必要だと思います。嘘をつくということでどんなことになるのかをテーマにした紙芝居を見せたり、絵本を読んだり、もしそのようなものがなければ、独自に新しくつくるのもいいです。

「嘘を重ねると、どういうとんでもないことが起こるか」「結果的にはめぐりめぐって自分の問題になってしまう」など、ストーリーとして理解させるのが第一だと思います。

そして、そのようなことを子どもに理解してもらった上で、「自分のやったことは、よかったのでしょうか？　悪かったのでしょうか？」と本人の嘘ストーリーについて確認することにしましょう。

特に幼児の場合には、一般にこの**ソーシャルスキル訓練**という流れの中で、「理解するということ」そして「自分自身に照らし合わせてどうするか」という二段構えで指導する必要があります。だからまずは「嘘をついたら結果的に損する」ということを、絵本や紙芝居で教えていきます。

Q23 Question

弱い子をつねったり、つきとばしたりします。

特別支援学級の小学３年生の男の子です。１年生のときから、私の学級にいる子なのですが、最近とても困っていることがあります。それは、１年生などの小さい子にかみついたりすることです。担当の教員としては、子どもを引き離して厳しく叱っていますが、一向に減りません。保護者の方は、協力的な親御さんですので、良いアイデアがあれば協力してくださると思います。

Answer

小林式

適切な運動へと変えてみましょう

Q43の動物を叩いてしまうお子さんの場合は年齢がもう少し上でしたが、罰が**レスポンスコスト**（罰金制度：言うことを守らなければスタンプを取り上げること）で、約束を守れたらジュースがもらえるという**トークンエコノミー**（代用貨幣：スタンプを集めたら何か特典と交換してもらえるようなもの）の技法が使われています。

この例は小学校3年生。この子どもにとっては、つねったり、つきとばしたりすることはコミュニケーション手段となっているのでしょう。でも、これは「どういうふうに新しい人間関係をつくっていこうか」とその子なりに模索したのでしょう。だから、正しい付き合い方の学習ということを含めて指導していくといいと思います。

もちろん、一般的な集団の場面において、噛み付いたり、蹴飛ばしたりする行動は、不適切な行動ですので、黙って見過ごしてはいけません。やはり先生がそれは「ダメだ」ということをしっかり示すべきです。ただそのときに、怒鳴ったり、叩いたりすると逆効果になってしまいます。先生が怒ったり、周りが騒いだりすることが、その子にとっては周囲の注目をひいたという意味のごほうびになってしまうのです。これが一番のポイントで、子どもの攻撃的な行動に、先生が興奮してはいけないことです。なぜなら攻撃行動の促進効果につながってしまうからです。一番悪い方法というのが、先生がつねった子どもに対して「こうすると痛いでしょ」とお仕置きとしてつねることです。これでは、「そっかー、つまんでひねればいいんだ」とつねるテクニックを子どもに教えることになってしまいます。

しかし、明らかに攻撃的な行動ですから、放っておくわけにもいきませんので、子どもの攻撃行動をうまくコントロールできるように導かねばなりません。どういう形で止めさせて、どういう正しいエネルギーの使い方をさせるかということが関係してきます。

そこで私は、小学校3年生くらいの子どもだったら、**随伴練習法**というテクニックを使います。この随伴練習法とは、その子にとってちょっときつめの運動をさせることです。

例えば、2、3回しか腕立て伏せができない子には、頑張らないとできない回数（5、6回くらい）をやってもらいます。

指示するときは、先生が怒ったりせず、ポンッと指を差して、場所を示し、腕立て伏せを5回やらせるのです。それだけでいいのです。

この随伴練習法というのは、体力健康増進につながる罰コントロールです。指示した通りしなければ強制しても行なわせます。慣れてくれば「指差し」で自分でやるようになります。やさしい顔をしながらエクササイズを強制するということです。これは衝動的な攻撃行動のコントロールに役立つ指導法です。あくまでも随伴練習法は罰の技法ですから**悪女の深情け法**（**Q53**参照）と関連します。

奥田式
行動契約法を利用しましょう

特別支援学校でもこのような質問はよくありますが、本当は幼い頃から練習しておく必要があります。先生や親御さんにできるアドバイスは、つまるところ「噛まれないようにしましょう」となってしまいますね。毎日一緒にいる人なら、噛まれる前兆は分かると思うんです。

例えば、イライラした状態で子どもが近づいてきたとします。このときに「イライラするな!!」と言っても、さらに子どもはイライラしてしまって、最後は噛まれてしまうでしょう。こういう火に油を注ぐようなことはしてはいけません。前兆がみられるようなときには、近づかない、近づかせないようにするといいと思います。

子どもの行動を変えていく方法についてお話しましょう。例えば、噛むことが悪いというのが分かっているのに噛み付くような子の場合は、**行動契約法**というテクニックを使います。これは、単純なルールが分かっている子どもの場合、応用できる方法です。噛んだ場合の約束事を決め

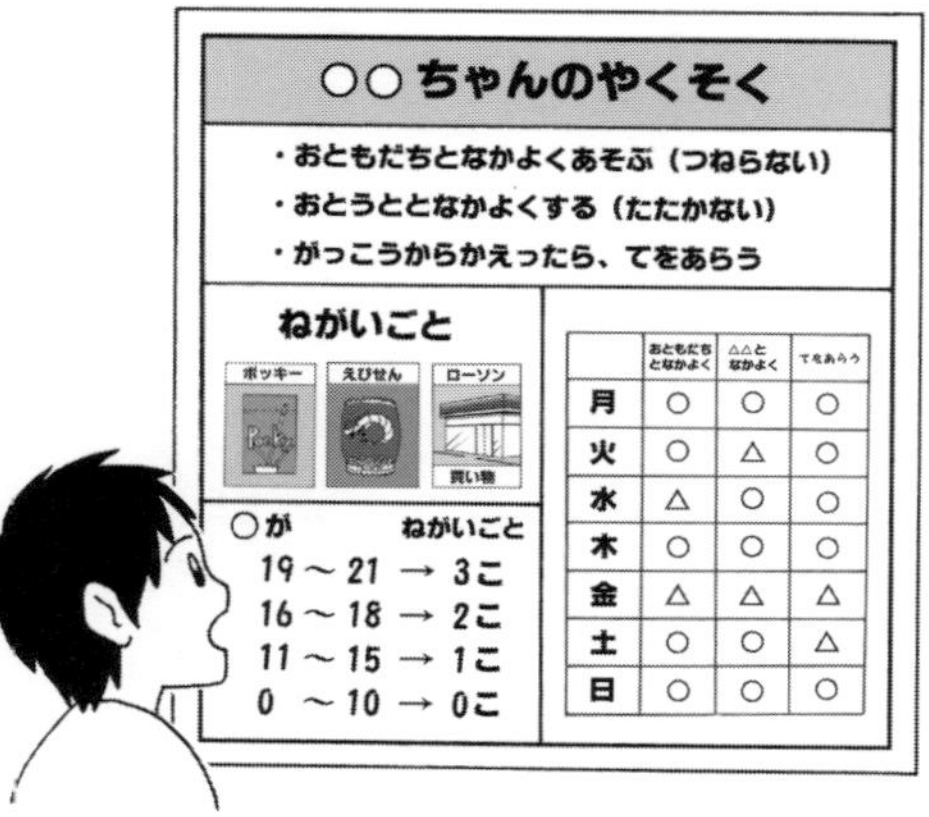

ておきます。
具体的なやり方としては、ホワイトボードなどでお約束ボードを作って、今日は約束を守れたかどうか親子（教師と子ども）でチェックします。約束の種類はいくつあってもかまいませんが、最初はこの約束とこの約束でいってみようというように、約束事を絞って進めていきます。言うまでもありませんが、これは保護者の方の理解と協力が必要です。

いろいろなやり方があると思いますが、「約束は守って当然だ」「他人に危害を加えるのは悪いことだ」という考え方ではうまくいきません。そんな常識論をいくら教え諭しても、それで「そうですね、以後、気をつけます」なんて子どもはいないのですから。

行動契約法では、約束を守ったら（約束を破らなかったら）好きなカードなどのごほうびがもらえるようにします。つまり、約束を守ると楽しいラッキーなことが待っている（約束を破ったら何ももらえない）ことを視覚的に明確にするのです。その行動の直後、トークンを渡したり（トークンエコノミー法）、トークンを没収したり（レスポンスコスト）、行動に随伴して結果を伴わせるというのが大切です。

この約束を1週間でこれだけ守れたらこんなに楽しいことが待っています、というように1週間ごとで約束の区切りを入れたりします。約束内容や子どもさんの状態によっては、その日ごとのチェックにすることもあります。そして約束をパーフェクトに守ったときは、パーフェクト賞をあげましょう（例えば、カード3枚）。少し約束を破ってしまったときには、パーフェクト賞から二段階くらい賞を下げてみましょう（例えば、カード1枚）。約束破りが多すぎたときには、ごほうびはなしです。こんな感じでごほうびにもグレードをつけていく方法もあります。

留意点としては、今の時点でどれくらい約束が守れるのか守れないのかということを考慮しましょう。最初は、それほど頑張らずに普段通りに過ごしていても10回中5回くらいは賞をもらうことができるように設定しましょう。うまくいかない人は、この辺りの「さじ加減」を間違えている場合がほとんどです。

Q24 Question

順番抜かしをするのですが、大切なルールを教えるにはどうすればよいのでしょうか？

年長の男児です。保育園の担任から聞いた話ですが、保育園ですべり台の順番抜かしをしたり、画用紙などを配布するときに並ばせても、すぐに前の子どもたちを抜かしてしまうそうです。抜かし方も乱暴で、前に並んでいる別のお子さんを突き倒してしまいました。順番に並ぶための方法で、何かよい手立てはありませんか？

A Answer

奥田式

すごろく式でいきましょう

私はこんな方法をよく使っています。**すごろく式移動支援法**と呼んでいるのですが、かなり便利な方法です。

子どもにとって、ラインのない所で順番に並ぶことは難しいことです。だから、そのような場面ではフラフープを7個くらい持ってきてもらって、それをオリンピックマークのように並べます。フラフープの輪をすごろくの1マスと見立てます。

今回は滑り台での順番抜かしが問題になっていますが、子どもをすごろくのマス（フラフープの輪）の中に入った状態で並ばせてみてください。そして、一つ前のマスが空いたら、そこに1マス進むということを教えてみましょう。「前のマス（フラフープの輪）に他の誰かが入っているときは入っちゃダメ、マスが空いたら一つ前に詰めましょう」というルールをつくって移動の練習をしていくと、子どもも理解しやすくなります。

衝動性の高い子どもは、この方法でも抜かしてしまったりするのですが、抜かしてしまったときも、すごろくと同じです。すごろくでは「振り出しに戻る」という場合がありますよね。ですから、順番抜かしをした子どもに「あっ、○○ちゃんの所、まだいるのに入っちゃった！　残念、戻りましょう」と言って、その子どもを5マスほど戻すようにしてみてください。抜かせば抜かすほど、したいことができないようになります。

たった一度の順番抜かしすら許容せずに、抜かしたら必ず戻らなければいけないということを繰り返し経験させてあげましょう。このように教えていきますと、だんだんと前が空いたらつめるようになり、反則や順番抜かしは減っていきます。ひたすらこの繰り返しです。

はしごのようなものを床や地面に置いて、同じように前の四角のスペースが空いたらつめるようにしてもいいでしょう。教室ならビニールテープで床に枠を示すのも有効です。最初はすごろくのマスをつくって、だんだんとマスをラインに変えていくようにしてください。そして、先生が何かを配るときにも「ラインに並んでね」と言うだけで、できるようにしていきましょう。当然、順番抜かしをしたらラインの一番後ろまで戻らせてください。

このような経験を重ねていくと、将来、スーパーマーケットで買い物をするようなときでも、きちんと並べるようになりますよ。ただ、スーパーマーケットにはレーンがあるので分かりやすいのですが、コンビニは少し難しいでしょうね。一人目、二人目という人のラインがあって、あるときは直線ラインで前の人の後ろにつけばいいのですが、前の人の並び方によっては弧を描く感じで並ばなければいけないときもありますからね。このような目に見えないラインをつくって並べるようにしていくのはなかなか難しいのですが、今回のお子さんぐらいの年齢でしたら、マスをつくって一つ前があいたらつめるという方法で十分です。とにかく、順番抜かしをしたら戻すということがポイントです。

小林式

目に見える手掛かりを示しましょう

指導するときの方法で、**サーキットプログラム**というものがあります。すべり台や平均台など、遊具の上を渡るような活動をするときに、サーキットのようにグルッと回って一回りするような形で、子どもたちを並ばせて待たせるというプログラムです。

サーキット状に並ぶので、スタートとゴールの地点は同じになりますが、ここに指定席を用意します。指定席といっても、「○○ちゃんの席はここ」と決まっているわけではなくて、一人が終わったら一人ずつ移っていくようにしていきます。

「並びなさい、順番ですよ」と何回言っても、最初からきちんと待つことは子どもにとって難しいことです。

ですから、「今はここで待ちます」「一人終わったらここまで行きます」というような手掛かりが必要となってきます。その手掛かりとしてイスを並べて、順番に移動していくことを教えてみてください。屋外での活動で並ばなければいけないようなときには、石灰で丸のラインを書いて、その手掛かりを用意してもいいですね。

そして、もしこれでも順番を守れなければ、必ず元の位置に戻るようにしてみます。場合によっては、あらかじめ約束をしておいて、「守れたらごほうびをあげる、守れなかったらごほうび抜き」という厳しい方法を使ってもいいでしょう。

一番手掛かりにしやすいのは、イスであったり丸であったり、具体的に目に見える手掛かりです。その手掛かりを通じて、「そこにいればいいんだ」「一人終わったら一つずつ移動すればいいんだ」ということを子どもも理解していくのです。

このように順番を待つことは、実際の社会参加の部分でも大切なスキルなので、しっかり育てていかなければいけないと思います。

Q25 Question

障害があるのは明らかなのですが「高機能」と言われて困惑しています。

お医者さんから「高機能広汎性発達障害」と診断されました。「高機能」とはどういう意味ですか？　うちの子どもですが、ことばでの会話はある程度できるようになりました。同年齢の子どもたちとも、およその意思疎通はできているように見えます。でも、どうも細かいニュアンスが理解できているようで理解できていなかったり、会話の中身もピントがずれていたりすることが多く、他の子と違うのは明らかです。でも、「高機能」という意味がよく分かりません。

A Answer

奥田式

診断名よりも特別なニーズを検討することが大切です

実際に親御さんと面接するときに「高機能広汎性発達障害」と書かれている診断書を目にすることは多くあります。知能検査の結果を見るとＩＱ72～75くらいのお子さんだったりします。

知的障害のボーダーはＩＱ70とされていますので、70以下の子どもは知的障害があるということになり、70を超えた子どもは知的障害ではない範囲内にあるとされます。ところが、ＩＱ80未満のお子さんは、平均の一番下の方ということになるので、やっぱり勉強で困るわけですよね。ＩＱが70～85くらいの子どもも勉強で苦しむこともあります。ここ数年、このような子どもたちも含めて「高機能◯◯◯」と呼ぶ傾向がありました。実際には学業などで困難をかかえているのに、「高機能障害」などと呼ぶことで親や学校がとても混乱してしまうのです。そこで最近は、この「高機能」ということばは、誤解を生むために使わないようになってきています。

以前、４歳から５歳になるときに、「高機能広汎性発達障害」という診断を受けたお子さんがいました。「高機能という診断がよく分かりません。とにかくうちの子どもはいろいろできないんです」ということを親御さんは訴えていました。実際に知能検査の結果は、言語性ＩＱが60くらい、動作性ＩＱが90くらいだったと思います。総合ＩＱが70を越えているということで、トータルで見たら確かに知的な遅れがないということになります。しかしこの基準だけで「高機能広汎性発達障害」という診断名がついてしまったのでした。このことによって悲劇が起こってしまったのです。

年長時の就学相談のときに、教育委員会からも学校側からも、当時お世話になっていた幼稚園の先生からも「○○さんは自閉症だけれども、よくできる子ですね。会話もできるし」と言われました。でも親御さんは、「通常学級じゃやっていけない、特別支援が必要な子どもなんです」と、ずっと訴えていました。ところが誰一人としてこの両親の意見に賛同してくれませんでした。「通常学級に行けると言われたのなら、通常学級に行きなさいよ」と皆が言っていたのです。

しかし、この両親だけは頑として「通常学級じゃうまくいかない」ということを言い続けていました。結局は、親御さんの希望が叶わずに、通常学級に入学することになりました。そして案の定、勉強はどんどん遅れてしまい、仲間関係もうまく築けずに、小学校５年生のときにいじめにあって、中学に入って不登校状態になってしまいました。小学校低学年の頃、明るかったその子はとても暗い状態になっていました。そこから立て直していくのは非常に難しかったのですが、親御さんが本当に熱心な方で「学校でやらないのだったら家庭で特別支援教育をやる」と積極的に専門家のサポートを受けて、立て直しに成功しました。中学生になってからようやく、通級や個別の支援などを受けることができ、無事に高校生活も終えることができました。

このお子さんというのは、「高機能」という診断を受けたことによって、学校側から「指導拒否」をされてしまったわけです。学校側は、知的障害の重い子と比べてしまって「大丈夫」と言うことが多いようですが、親御さんからしてみれば、わが子はわが子ですからね。「高機能」という名前をつけられて、なおかつ会話もある程度できると、支援が受けられないということが生じるのです。こうした事例は、他にもたくさんあるのです。

さらに、知能検査による数値でもって「知的な遅れがない」とされた人たちは、今の法律では、将来に何の保障もありません。「高機能」と診断されると安心する親御さんもいらっしゃいますが、将来の自立を支援するための制度が整っていないわけです。社会に出て行く力があるのに、何の支援も得られないために問題を抱えたままの青年がたくさんいるのです。そういうことですので、「高機能」という診断名に左右されるのではなくて、勉強にしても集団適応にしてもうまくやっていけるかという実態をよく見て、その子に必要な特別支援を検討していくべきでしょう。

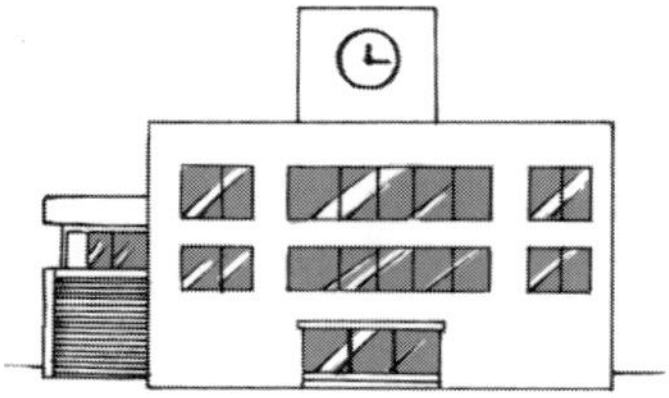

小林式

「高機能」ということばに、振り回されないようにしてください

「高機能自閉症は自閉症とします」という通知が２００７年３月に出て、４月以降は高機能自閉症という表現が文部科学省の正式な文章からは消えましたが、これまでの文部科学省の定義によれば、「高機能」というのは知的な遅れがないとされています。具体的に言えば、境界線（ＩＱ70）以上の知能がある、ということです。

「高機能」ということばは、「平均よりもはるかに高いこと」と理解されるのが一般的です。しかし、この境界線にあるといわれる子どもたち、自閉症とは限らない多くの子どもたちを見ていると、年齢相応にできないことも多くて、とても高機能という雰囲気ではありません。

診断名というのも決して悪いものではなくて、お医者さんの診断があるから、身体の一部を切り取ったり、薬を飲んだりという治療ができるわけです。しかし発達障害というのは、手術ができたり、特効薬があるわけではありません。では、何のために診断名があるのでしょうか？　それはより良い処遇がしてもらえるかどうか、ということになるのです。

このような点から見たときに一番困ることは、「高機能だから通常学級、高機能だから配慮すれば皆と一緒に学校で勉強ができますよ」と判断されてしまうことなのです。本当の高機能、つまり大秀才の子どもは指導方法に関係なく、やっていけるわけですよ。しかし、平均から下の境界線レベルの子どもたちは、しっかりとした密度の高い指導がなければ脱落していってしまうのです。その中には、高機能と判断されたために脱落していった子どもたちが、たくさんいるのです。

「高機能」ということばに、あまり振り回されないようにしてください。高機能だから、「そうか、頭がいいのか」というと、そうとは限りません。高機能だからといって安心してはいけないし、喜んではいけないのです。必ず補助的な訓練が必要です。

親御さんは、「うちの子どもをちゃんと見てください。高機能だからと簡単に片付けないでください」と担任の先生に訴えなさい。そして、何がどんな具合にできないのかを探って、どこで誰に補充訓練をしてもらえるのか見つけ出さなければなりません。小学生で落ちこぼれ始めた子どもを、中学生になってケアするということは専門家にとってもとても大変なことです。ほとんどの場合、手の施しようがないのです。

第４章　ことば編

ことばのやりとり

Q26 Question

「要求の泣き」が強くて困ります。

診断されたばかりの自閉症男児で、もうすぐ3歳になります。いま一番困っていることといえば、すぐに泣いて要求してくることです。「ちょっと待ってて、後でね」とか、「それは駄目よ」などと要求を拒否しようものなら、さらに強く泣きわめきます。要求しているものを渡せば、すぐにケロッと泣き止みます。要求を聞いてあげればよいのか、それとも無視したほうがよいのか、具体的な対処法を教えてください。

A nswer

奥田式

動作模倣をやってみましょう

泣いて要求する無発語のお子さんはたくさんいますが、親御さんには「泣きというのはことばに代わる道具です」とか「大富豪というトランプゲームのジョーカー（オールマイティーな切り札）と同じです」などと説明しています。

泣いたら欲しいものが何でももらえることを繰り返し経験すれば、子どもは欲しいときに泣くのは当然です。ただ、この「泣いたら何でも与えるという親の行動」が、音声による発語やことばの発達を阻害しているのも事実です。ですから、ことばを獲得しなければならない段階の子どもについては、まずは泣きによる要求を無力化する必要があります（念のため、0歳の赤ちゃんの泣きに応じてあげることは大切なことです）。要求しているものを渡すと泣きやむということは、明らかに「くれ！」と要求して泣いているわけです。

だから私が、「『泣いても無駄』ということを教えなければいけないので、泣いている子どもを叱ったりなだめたりするのは意味がない」とアドバイスしています。泣いたり怒ったりしている子どもを叱ると、子どもは余計に泣くでしょうから、わざわざそうやってお互いの興奮を高めるかかわりをする必要はありません。要求の強い子、ハングリーな子、我が強いと言われる子は伸びます。だから、「ただでは要求物を与えないこと」が大切です。「泣いたから要求物をあげる」という関係では絶対にことばは伸びません。泣いたからといって、簡単に物を出してしまったら、頭で考えない子どもになってしまいます。

そこで「泣いたから要求物をあげる」という関係を断ち切る必要があります。この子どもさんの場合、動作模倣を試みてみましょう。3歳くらいのお子さんなら、簡単な動作模倣（頭を触る、お腹を触る、バンザイなど）をやらせてみましょう。粗大な動作模倣ができそうであれば、要求しているものに関係のない動作模倣をさせてみます。難しい動作模倣をやらせようと欲張らず、ごく簡単な模倣をランダムにやるのがコツです。今まで、泣いたらもらえていたのに、動作模倣をやらせようとするだけで、最初はもっと泣くでしょう。だからこそ、泣きながらでも応じてくれそうな、ごく簡単な模倣を一つだけやらせるということです。それから、なぜランダムにやるかというと、「ちょうだいサイン」になってはならないからです。

例えば、こんなふうにやってみましょう。子どもがジュースを欲しがってお母さんのところに寄ってきました。お母さんは、両手を頭にする動作モデルを子どもに見せ、子どもがお母さんの動作を不完全でも模倣したら、直後に要求しているものをあげるというふうにします。

「泣いたからあげる」ではなく、「模倣をしたからあげる」という関係に変更していくことがポイントです。次回も前回同様に「両手を頭」とやったからあげるのかというと、今度は違います。例えば、お母さんが「両手をお腹」にする動作モデルを見せ、子どももそれをまねしたらあげるようにします。なかなか、お母さんの動作モデルをまねしようとしない場合、子どもの手を取ってプロンプトしてでも、まねをさせてからあげるようにします。

毎回、そうやって要求物をくれる人が近くにいれば、子どもは何かの要求のたびに、近くの人をよく見て模倣することを学ぶようになります。要求の強い子どもの場合、要求物をくれそうな人の近くに寄ってくるのは当然のことです。そして、近寄ってきたら、子どもはその人のことをよく見なければなりません。もし、「ちょうだいサイン」ばかり教えてしまうと、子どもは人のことをよく見なくなってしまいます。手をパチパチと叩いたら何でも要求が叶ってしまう状態では、ことばの学習になりません。泣くことが手パチパチに変わっただけになるからです。

だから、お母さんの顔や動作をしっかりと見せるためにも、動作モデルを出すときには無言で出しましょう。ジッと見なければできないから、お母さんのことを集中して見るようになります。子どもが不完全でも模倣をしたら、そこで初めて子どもが喜ぶように声をかけて褒めてあげ、直後に要求を叶えてあげましょう。こういう新しい関係を教えるのと同時に、泣いて要求してきたときには、「泣いた場合は絶対にあげない」「なだめるために取り合わない」というのを思い出し、それを実践してください。おじいちゃん、おばあちゃんは、子どもが泣くとすぐにあげてしまいがちですが、泣いても無効にすることに協力してもらいましょう。これを徹底して実践できれば、子どもは大きく変わっていきます。すぐに泣くことがなくなると同時に動作模倣が上手になれば、微細な模倣や口形模倣、音声模倣へとステップアップしていきます。

小林式 クレーンをしてみましょう

質問では、「すぐに泣いて」となっていますが、おそらく要求する前に泣いているのだと思います。何か欲しくなると「エーン」といった状態なのでしょう。今までは、これが役にたっていたわけですね。泣いたら周りの人たちが「これかな？　これかな？」と見繕って、欲しいものを提供していたために、泣くことが切り札になってしまっているのでしょう。

まず、お勧めできそうなのはクレーン反応ですね。お尻を押してくるかもしれないし、手を引っ張っていこうとするかもしれません。とにかく、子どもが要求しているものの方向に行くようにしてみます。泣くことが癖になっているので、最初は泣きながらでもやってみましょう。泣きながらでもいいから、手を引っ張っていこうとする、クレーン反応をつくってみます。

それから、要求するときに泣くことを認めないようにします。この段階では、クレーンで要求を叶える方法があるのだから、泣くという方法は使えないようにしましょう。クレーン反応ができるようになったら、手差しや指差しへと進めていくといいでしょう。自分で要求行動ができるようにしていくことがポイントです。

基本的なことは、泣いて要求を伝えるのではなくて、他の方法を通じて、要求しているものが、ある程度特定できるようになる（クレーン反応→指差し）ほど、コミュニケーションとしての価値が高まるということなのです。

要求するということは、大切なコミュニケーションです。一度要求したものが充足されたならば、「これをやれば欲しいものがもらえるんだ」ということを子どもは理解していきます。その結び付きから、新しいコミュニケーション方法（指差し、ちょうだいサイン、おうむ返し、音声）をどのように増やしていくかということを工夫していけばいいわけです。

例えば、チョコを指差したときに、子どもの耳元で「チョコ」と言ってあげて、おうむ返しのもとを作ってみましょう。耳から入った「チョコ」ということばを子どもがまねしたら、「よくやったね」と言いながら、いつもよりも大きいチョコをあげてみるのです。

子どもからみたら、「『チョコ』と言ったら大きいチョコがもらえるなんて、こんなに役立つ方法があるんだ」という発見になりますよね。こういうことをきっかけに音声・ことばによるコミュニケーションを拡大していくようにしましょう。

「泣いています→要求しています→渡しました→泣き止みました」という場合の「泣く」というのは、明らかにことばでありコミュニケーションなのです。しかし、泣くことよりもっと簡単な方法で、すんなりと欲しい物が得られるのであれば、そちらの方法に自然と変わってくることでしょう。

Q27 Question

着席して課題をさせようとしてもすぐに逃げてしまいます。

３歳になったばかりの自閉症と診断されている男の子です。「家庭でも療育を」と思ってイスに座らせるのですが、どちらかというと逃げようとばかりします。子どもの好きなお菓子やおもちゃを用意しても、少しは来て座ってくれるのですが、すぐに立ち去ってしまいます。どのように工夫すれば、着席して課題をやってくれるのでしょうか？

A nswer

小林式

好きなものを先に用意してもダメです

第一原則ですが、好きなものを提示して何かさせようとするのは基本的に間違いです。子どもは、好きな食べ物を見れば、食べたいので寄ってきますし、好きなものであれば、遊びたいので寄ってきます。しかし、それを食べたり、遊んだりしたら、そこでおしまいとなってしまいます。イスに座ることとは全くつながっていないのです。つまり、「これをあげるから座りなさい」というのは、順番違いになってしまうわけです。

子どもは、たくさん遊んでいれば自然と疲れてくるので、座るときがあるはずです。子どもが座ったら、そのときがチャンスです。「さぁ、お菓子を食べようか」「おもちゃで遊ぼうか」と提案して、「おいしいお菓子」とか「好きなおもちゃ」が準備されればよいでしょう。それに飽きたら、また走りまわって遊ぶ、ということで構わないと思います。

ただ、よく考えてみてください。なぜイスにきちんと座らせないといけないのでしょうか？　３歳の子どもにとって最も重要なことは、元気いっぱい走り回って、遊ぶことなのです。座って勉強するということは、その後でも問題ないわけです。このようなことを踏まえた上で、まずは、するべき大事なことの順番をはっきりしてみてください。そして、座っている時間を長くしたいなと思ったら、必ず座った後にごほうびをあげるようにしてください。楽しいことがあれば座っているはずです。

もうすぐ小学校に入学するお子さんで、まだイスに座らないという場合には、もう少し積極的な方法を使ったほうがいいでしょう。例えば、座っている時間を伸ばすために、イスに座ったときに、「頑張ろうね」と言いながら手をつないでみます。壁に挟まれた角の場合には、横に立って手を持ってしまうと立てなくなります。人間はまっすぐ立つときに、必ずおでこが少し前に出ます。ですから子どもを立たせないようにするためには、「いい子だねー」と言いながらおでこを押さえたりします。それでも、立とうとするときは、少し力を入れて押さえるようにしてみましょう。

これは、**ヒューマンエンジニアリングの原理**です。このときに、無理矢理押さえつけようとはせずに、自然なやりとりの中で、動きを止めるようにすることがポイントです。

中には、足を滑らせて机の下から出ようとする子どももいますから、そういうときには、足が滑る所に人が立っていればいいのです。

奥田式
膝カックン式着席法を試してみましょう

何かをやらせようとするから、逃げてしまうのです。「先にごほうびをあげてしまう」、これがポイントです。行動療法を少しかじった人は「後からごほうびをあげましょう」と言うのですが、それは経験不足の臨床家でしょう。

まず、子どもの好きなことをしてあげたり、好きなものをあげたりしてしまうのです。例えば、子どもは放っておいてもお菓子を食べたくなる時間があるので、お菓子を食べているときや、おもちゃで遊んで機嫌をよくしているときに、こちらがちょっとだけ子どもにお邪魔してみるのです。課題をやらせてからごほうびをあげるという発想ではありません。

お菓子などの場合は勝手に一人で食べさせずに、例えば好物がヨーグルトだったら、こちらがスプーンですくってあげるようにします。子どもは喜んで食べるでしょう。最初は、これを繰り返すだけです。ひとさじずつ、あげるのです。しばらく、これを繰り返すと、今度はこのヨーグルトをあげる直前に、親御さんは自分のほっぺたをスリスリしてみます。子どもがまねをしたら、「じょうず！」と褒めながら、ヨーグルトをあげてみましょう。つまり順序を変えて、先に子どもを喜ばせてあげるようにしてみます。例えば、タカイタカイをしているときや、トランポリンで跳ねているときに何か動作模倣でもさせてみます。タカイタカイやトランポリンで跳ねるのを一時停止し、モデル動作を提示します。その行動を模倣できたら、一時停止を解除し、またその身体遊びをごほうびとして再開してあげます。こんなふうにしてみてください。

着席のことに関して言えば、無理に座らせようという発想ではなくて、「あっ、座ってしまった」と気付くか気付かないかという状況を作るのがいいですね。例えば、子どもはお菓子の時間になれば寄ってきますよね。寄ってきたら、後ろにイスを用意しておいて、膝の裏を軽くポンと押すだけでいいのです。そして座った瞬間に継続的にお菓子をあげるようにしてみます。このように、気がついたら座っていたという状態をつくってしまう方法を、**膝カックン式着席法**と呼んでいます。「座りなさい、座ったらあげるから」「座らなければあげないわよ」という発想ではなくて、思わずうっかり座ってしまったという状況を作ってみてください。

このようなやり方をすると、子どもはノリノリな気分の中、気がついたら座っていたということになります。

座ったからあげるという発想では、すでに逃げ癖が習慣になってしまっている子どもは、いつまでたってもどんどん逃げ癖を身につけてしまうだけです。これでは、何か訓練をするのではなく、着席場面での逃げ癖を教えているようなものです。

子どもはいろいろとやっていく中で学習します。ただ困った行動も学習してしまうのです。それが子どもなのですから、間違った発想と方法は避けるべきです。

Q28 Question

無発語の状態ですが、やりとりを発展させていく方法はありますか？

無発語の２歳児です。発語どころか発声の頻度も少なく、無音の状態が続いています。くすぐったり、タカイタカイなどの激しい身体遊びをしてあげると喜んで声を出しますが、なかなか発展していきません。病院では「ことばは出ないでしょう」と言われてショックを受けました。少しでも可能性を信じて、何かうまくやりとりできる方法はないものでしょうか？

Answer

小林式

盛り上げエコラリアを実践してみましょう

発声頻度が低い子どもの親御さんには「家を作るためには様々な材料がたくさん必要です。材料がたくさんないと、いい家が建ちません。だから発語におきましても、材料（音）をたくさん揃えるためには色々な音が出せるようにする必要があるのです。子どもが、うるさいくらいに音声を発するようになったら、それはバラエティに富んだ材料がたくさん揃ったっていうことになります」という話をします。

そして、材料がたくさん揃ったところで「犬小屋から建ててみましょうか？　多くの材料は必要ないけれど、うまく合う材料を使えば素敵な犬小屋ができるのではないでしょうか」という話をするわけです。ある程度の練習ができたら、「今度は自分たちが住めるような家を建てていきましょう」と説明しています。

もとになるのは材料（音）です。この材料（音）をたくさん揃えるために、子どもの発語を上手にまねる必要があるのです。つまり、何のために子どもの発語をまねるのかというと、バラエティに富んだいろいろな材料（音）を出すことが狙いなのです。そしてその次にことばを作っていくのです。

ことばをつくるときは、一時的に発音数が減ります。「まーまー」と言わせていると、それに一生懸命に集中しているうちに他の発語が一時的に減ってしまいます。しかしたくさんのことばがあれば、少しくらい減っても問題がないのです。

では、この材料（音）をそろえるために、どのようにしたらいいのでしょうか？

この質問のようにタカイタカイなどの身体遊びをしてあげたとき、子どもの出す声が、引きつった声とか、脳天から出す声（奇声）とか、泣き叫ぶ声のような悲鳴ですと、有意味なことばをつくる基礎に結びつきません。もっと柔らかい声とかいろいろな音が出ていれば、このタカイタカイ活動は効果的といえるでしょう。

発語の少ない子どもの発音数を増やす技法として、逆模倣という方法があります。例えば、子どもが「アウアウ」と言ったら、驚かさない程度の大きさで、なるべく同じように「アウアウ」と返してあげてみるという方法です。よく分からないことを言ったときには、「何て言ったの？もう1回言ってみて」などと聞き返したりしてはいけません。

子どもの発語をまねするとき、驚かせるような大きな声ですと子どもは声を出しませんし、小さすぎても伝わりません。リズミカルさ、柔らかさ、声の大きさなどを意識しながら楽しい感じで、さらに子どもが思わずまた何か言いたくなるような雰囲気の中でまねをしてみましょう。

この逆模倣に楽しい雰囲気をプラスした**盛り上げエコラリア**は、子どもが声を出す頻度とことばのレパートリーを上げていくことでしょう。

奥田式
身体接触遊びを取り入れましょう

このお子さんの場合は、タカイタカイやくすぐりなどの遊びを喜ぶわけですから、これを使わない手はないですね。

私は、このような場合に身体接触遊びをお勧めしています。一例を紹介しましょう。夫婦で毛布やタオルケットを用意して子どもを包んであげて、ブーランブーランとやってみてください。子どもは、キャッキャッと喜ぶでしょう。ただ、親が子どもを「喜ばせてあげた、笑わせた」と自己満足して、ここで終わりにしてはいけません。これを機械的な相互作用にしてしまうことがポイントです。キャッチボールみたいにするのです。

もちろん、最初から最後まで楽しみながらやるのですが、やりとりを分析してみると単純な機械的なものにするのがコツです。例えば、「ブーラン、ブーラン」と言いながら10秒間揺らし続けます。子どもは「キャッキャッ」と喜ぶでしょう。10秒間経ったら、ピタッと揺らすのを止めてしまいます。次に揺らすまでしばらくの空白の時間、子どもはもっと揺らしてよと期待するわけですが、この時間帯の夫婦は完全に一時停止したかのように顔色を変えず、ことばも出さずに、ただ静かに子どもの顔をジッと見るだけにします。こんな静寂の中、子どもから「ダー」という声が出たら、即座に一時停止を解除して「ダー」と逆模倣をしてあげます。つまり、子どもが発声したくなるような場面や状況をつくってしまうのです。こういう環境づくりを**確立操作**といいますが、このように新しい行動が出そうな場面をつくってみるように心掛けてください。

タカイタカイであれば5秒やった後、床に降ろしてピタッと止めてみます。タカイタカイが好きな子どもなら、「もっとやって」という感じの何らかの意思表示をするかもしれません。これだけではまだ次のタカイタカイをやらずに、ちょっと待ってみてください。数秒ほど待って、子どもが「アーウー」などと言ったら、ここで「アーウー」と逆模倣をしてあげて、「上手、上手!」と褒めつつタカイタカイをしてあげましょう。そして、5秒ほど喜ばせてあげたら、またピタッと止めるようにします。このように標的行動が出るまで、なるべくそれが出やすい状況にした上で少し待つ方法を**タイムディレイ法**と言います。

このような子どもたちは、パターンで学習していくことが得意ですから、これを繰り返し行なうと、15秒待たなければ声を出さなかった子どもが、10秒、5秒と短い間隔で「アーウー」と言ってきたりするようになります。

こんなふうにして、子どもの好きな身体接触遊びや、テンションが盛り上がる遊びをして、その中でちょっとだけ動きを止めて短い時間待ってみるのです（ある程度テンションを上げた後に一時停止なんかされると、溜息の一つでも出てしまうものです）。こんな感じで、子どもの発声を引き出してあげるように心掛けましょう。ただ何もやらずに待っていても、仕方がありません。「鳴かぬなら、鳴かせてみようホトトギス」の発想です。まずは遊んで笑わせて盛り上げ、遊びが盛り上がったら終わりにしないで、盛り上げておきながら一時停止して様子を見るのがポイントです。ここで子どもの「あれ？　もっとやってよ」という要求を引き出せるようになればバッチリです。

Q29 Question

おうむ返しが目立ちますが、おうむ返しは良くないことなのでしょうか？（エコラリア①）

自閉症の３歳児です。「名前は？」と聞くと「名前は？」、「何歳？」と聞いても「何歳？」、こんな感じにおうむ返しばかりです。お医者さんからは、「こういう特徴は自閉症の主症状といえます」ということくらいしか言われませんでした。そもそも、こういうコミュニケーションにならないことばの特徴というのは、良くない行動と考えるべきなのでしょうか？

Answer

奥田式 おうむ返しは日常生活に欠かせないやりとりです

子どもたちに限らず、私たちはおうむ返しをしているわけです。他人の話していることばを理解しようするとき、他人の発話を聞きながら、瞬時にそれを頭の中で再生しているはずなのです。音声に出さないだけで頭の中でおうむ返しをしているのです。歌を覚えるのも実はおうむ返しですし、台詞を覚えるのもおうむ返し。さらには、質問に答える上でもおうむ返しは重要な役割を果たすのです。質問に答えるためには、質問をまず頭の中でおうむ返しできていないといけません。質問されたことを再生できなければ、そもそも応答はできなくて当然です。

それから、質問内容が子どもにとって難しすぎる場合、おうむ返しが多くなるものです。

例えば、行動分析学では、**イントラバーバル**と呼ばれる機能をもつ言語行動があるとしています。イントラバーバルというのは、「ににんが……」と言われたら「し」と答えるようなものです。このように答えられるのは、実は「ににんがし」というふうに、セットでおうむ返しができるようになっているからです。「ににんがし」と、ひとまとめで言えるようになっていれば、「ににんが……?」と途中で止められてしまうと、「し」と自動的に頭に浮かぶようになるんです。「なまえは、けんちゃんです」「なまえは、けんちゃんです」「なまえは、けんちゃんです」というひとまとまりの長さのおうむ返しができるようになれば、「なまえは……?」と聞かれて、「けんちゃんです」と言えるようになる可能性が高まるのです。

　つまり、おうむ返しがあって、その先にイントラバーバルのような機能をもつ言語や質問応答があるのです。おうむ返しはこれらの基礎となっていくわけですから、それをうまく利用しましょうということです。だから、おうむ返しをするからと言って叱る必要も全くありませんし、逆にそれをうまく利用してことばを発展させましょう。

小林式 おうむ返しは成長の証です

おうむ返しは、困ったなと思うからいけないのです。きちんとことば（音声）が入っていますし、構成することができているわけです。こんな素晴らしいことはありません。あとは、それを組み立てて、生きたことばとして形成してあげればいいことだけなのです。

　ですからおうむ返しであったとしても、こちらが「おはよう」と言って、子どもが「おはよう」と返答したら、「偉いなぁ、ちゃんと挨拶できて、よくできた」と喜べばいいのです。子どもの立場からすると、何かいいことをしたような感じがするわけです。

　クレーン反応で要求の動作（ジュースが欲しい）を示したとき、耳もとで「ジュース」と言ってみてください。子どもは「ジュース」と言うでしょう。このおうむ返しの発声に対して、すぐジュースを出してあげるのです。つまり、発声（おうむ返し）が役に立ったことになります。役に立った発声は繰り返すことになるでしょう。

Q30 Question

おうむ返しが目立ちますが、会話に発展させるためのアイデアを教えてください。（エコラリア②）

おうむ返しが目立つ４歳児です。３歳前からことばが出始めたのですが、今でもまだ難しい話になると、お医者さんの言う「エコラリア（おうむ返し）」というのがみられます。まだまだ会話は難しい状態なのかもしれませんが、少しでも会話ができるようになって欲しいと思っています。こういうエコラリアが中心のうちの子に対して、何か会話を発展させられるようなアイデアはありませんか？

Answer

奥田式 「誰？」「何？」「どこ？」という質問から始めてみましょう

解答しにくい質問をされたときにおうむ返しが出るということは、この発達年齢のお子さんですとよくみられます。「エコラリアという症状」と考えればすぐに子どもの障害のせいにされがちですが、周囲が難しすぎる質問をしている場合がほとんどです。だから、子どもに話しかける側が質問の仕方を工夫したり、ちょっと練習すれば答えていけるような質問、答えやすい質問をするようにしたりするのがいいですね。こういう発想でいれば、より積極的な訓練もできるわけです。

例えば、「今日は学校でカレーライス食べたの？　おでん食べたの？　何食べたの？」と、大人同士の日常会話のように質問してしまうと、子どもは答えられないかもしれません。そこで、これくらいの発達年齢のお子さんであれば「５Ｗ１Ｈ」の質問に対する応答を教えていきましょう。写真など複合刺激を使って練習してみるのです。例えば、お母さんが車の中でジュースを飲んでいる写真を子どもに見せて、「どこで、飲んでる?」と聞いて「車」と答えたり、「誰が、飲んでる？」と聞いて「ママ」と答えたり、「何を、飲んでる?」と聞いて「ジュース」と答えられるようにしていくのです。

最初は「誰が、飲んでる?」と聞くと「誰が、飲んでる?」とおうむ返ししてくるのかもしれません。しかし、適切なプロンプトをしながらの指導を続けることによって、「誰?」と聞かれたときは写真の中から人を見つけだしたり、「何?」と聞かれたときは写真の中から物を見つけだしたりすることができるようになってきます。

「どうして?」「どのように?」「なぜ?」のような質問に答えることは、子どもにとってとても難しいものだということが分かっています。ですから、まずは「誰?」「何?」「どこ?」あたりの質問から始めましょう。

例えば、「今日は学校で何を食べたの?」と聞いたときにメニューを言うことができるとか、「誰と遊んだの?」と聞いたときに人の名前を答えることができるとか、「どこで見つけたの?」と聞いたときに場所で答えることができるとか、これらの質問に答えることも最初は難しいのですが、練習してみてください。練習方法が適切であれば、エコラリアからだんだんと質問応答ができるようになってきます。

そもそも、おうむ返しを悪いものと考えないほうが良いのです。質問に答える前に、小声で質問をおうむ返ししてくれる子どものほうが訓練の成績はよいのです。また、お使い学習の課題などをやるときも、指示されたお使いを小声で繰り返し言い続ける子どものほうが成功しやすいのです。

それから、疑問詞質問がまだまだ難しいというお子さんでしたら、連想ことばの遊びを教えていくと良いでしょう。「ファイトー」と言われて、「イッパーツ!」と答えるものとか、「3、2、1……」と言われて、「ゼロー!」と答えるものです。最初はおうむ返しで教えます(例えば、「ファイトー、イッパーツ!」に対して「ファイトー、イッパーツ!」と言わせます)。子どもがまとめて言えるようになったら、大人は覚えさせたフレーズの出だしの一部だけにして、残りを子どもに言わせるのです。これも、タイミングとコツが必要となりますが、うまくやれば上手に言えるようになります。

小林式

おうむ返しが必要にならないやりとりを増やしていきましょう

普段のやりとりでは問題がないけれども、答えにくい質問のときに、エコラリア（おうむ返し）でその場をしのぐという反応が出てしまっている状態かと思われます。

年齢や語彙数にもよりますが、まずは、状況や内容が理解できないときに「分かりません」や「教えて」と子ども自身が言うことができるように教えてあげてみてください。よく分からないときというのは、子どもからするとおうむ返しをせざるを得ない状態にあるわけです。周囲の人たちが、おうむ返しでなければ答えられないような話しかけを少なくして、おうむ返しが必要にならないやりとりを増やしていくこともお勧めします。

さらに、対人関係の中で、楽しくできる同じことばのやりとりを増やしていくようにしてみてください。おうむ返しのような機械的な反復ではなくて、例えばニコニコしながら、そして動作しながら「おはよう」と「おはよう」、「バイバイ」と「バイバイ」というやりとりです。

Q31 Question

獲得した語彙をコミュニケーションとして使うようになるためには、どんなことに気をつければよいのでしょうか？

自閉症の３歳児です。語彙は増えてきましたが、まだ会話としてことばを使うというより、独り言が多いです。なんだか機械的にことばを覚えただけの状態に見えてしまいます。もっと会話ができるようになってほしいですし、もっと普通のコミュニケーションとしてことばを使えるようになってほしいと思います。どういうふうに考えて取り組めばよろしいでしょうか？

A nswer

奥田式

会話は環境から生まれます

語彙が増えてきたということは、ことばのデータベース的なものが増えてきたということでしょうね。発語のある自閉症のお子さんの中には、ことばをカタログのように覚える子がたくさんいます。一つひとつの物の名前は知っているけれど、それをコミュニケーションに使わないような感じです。独り言をブツブツ言っている状態から会話へ変えていくためには、やはり環境が大きくかかわってきます。

まず、行動分析学では**マンド**という要求言語のコミュニケーションがあります。このマンドが出るかどうかというのは、ただ待っていてもなかなか出るものではありません。大事なのは「要求不足事態」、つまり要求不足の場面をつくるということなのです。自分で要求を叶えることのできる子どもは、覚えていることばを使う必要がないのです。例えば、喉が乾いたときに、自分で冷蔵庫を開けてジュースを取り出して飲める子どもは、「牛乳、ちょうだい」と言う必要がありません。おもちゃを部屋に出しっぱなしにしていれば、大人に要求しなくても勝手に好きな物を取り出して遊ぶことができます。自分でＤＶＤをセットして見ることができる子どもは、いつもの場所にＤＶＤがあれば、「リモコン」「テレビ、つけて」「トトロが見たい」などと言わなくても済むわけです。つまり、覚えている語彙を使う必要がないわけです。

すでに獲得している語彙をコミュニケーションとして使わせるための技法は、いろいろ開発されています。

一つは、おもちゃの一部分を、ある日突然隠してしまうという方法です。例えば、いつもおもちゃ箱に入っていて、自由に出し入れできていたプラレールのレールだけが高いところにあり、子どもには見えるけれど取れないという状況をつくってみます。こうなると子どもは、昨日までできていたことをするために、「プラレール」などと要求しなければならなくなります。

そこで、説明したような状況をつくるために、キャンペーンをはじめてみましょう。キャンペーンを開始する日からは、「独り言ではなく、発語して要求しなければ、もらえませんよ」という場面を設定し、実行するのです。行動療法では、こういう特別に何か新しい環境を導入したり一定の期間に一定の指導をキャンペーンのように始めたりすることを「介入」と言います。子どもの能力のせいにしてはいけません。適切な介入ができるかどうかが大切です。繰り返しになりますが、環境が満たされすぎているとコミュニケーションとしてのことばが育ちませんので、環境をハングリーな状態にすることが大切です。これがマンドを促進するための一つ目の秘訣です。

もう一つは、自閉症の子どもにはなかなか難しいのですが、行動分析学では**タクト**と呼ばれるコミュニケーションがあります。タクトは要求ではなく「気の利いたコミュニケーション」と言えばわかりやすいでしょうか。「あぁ、カラス飛んでいるよ、お母さん」「あ、本当だね～」というふうに、子どもが周囲に何かを伝達して会話のやりとりを楽しむものです。こういったやりとりは、ちょっとした異変が起こることにより引き出されやすくなります。

例えば、家に帰ってきて、あるはずないものがあるというような状況があったとします。「あれ？　こんな所に豚が！」みたいな感じですね。いつもそこに豚がいれば、こんなセリフは言わないのですが、珍しいものがあるときにはこんなことばが出やすくなるのです。例えば、ママの耳からバナナが生えていたら「ママ、バナナ！」と言ったり、ママのポケットから鳩が出てきたら「あっ、鳩！」と言ったりするでしょう。自閉症の子どもは、鳩を出してもシラーッとしていることが多いと思いますが、ぜひ、親御さんにはマジシャンかピエロのようになってもらいたいものです。「あれ？　いつもと違うよね」ということを子どもに気付かせ、タクトが出るようになればうれしいものです（実際は、本を読んだだけでうまくいくほど簡単ではありませんが……）。

少なくとも、このタクトについても子どもの能力や障害のせいにしてしまうと、何もできずに終わってしまいます。困難でも可能性のある方法を紹介しました。マンドやタクトが出やすいような環境をつくりましょう。会話は環境から生まれるものなのです。

小林式 ネタをもとに問いかけてみましょう

「○○が欲しい」という要求を引き出すことについては、奥田先生と同じですね。ただ、タクトを出す環境をつくるために、カードや絵本を使う場合がありますが、決まりきったやりとりはできるだけ避けるべきでしょう。例えば「これなぁに？」と聞いて、子どもが「象」とか「パンダ」と答えるステレオタイプなやりとりのことです。「問われて答える」というのも会話ではありますが、できるだけこのような形でパターン化しない方がいいですね。

というのは、このような段階になったら、「これなぁに？」「象さん」「へぇぇぇ」と、次々と会話を展開するほうがいいのです。親子連れの象であれば、「これ何だろう？」「赤ちゃん」「そうだね」というような感じでステレオタイプにしないことが大切です。それから、逆に子どもが「これなぁに？」とお母さんに問いかけるようにして、お母さんが「象さんよ」と答えるようにしてもいいでしょう。

絵本の読み聞かせをして、子どもが覚えてきたら、他の家族に本を読んで聞かせたりするように仕向けてみてください。「これなぁに？　何してるの？」などと言ったりするようになったら、しめたものです。

単語を増やすために使われているカードのような伝統的なものを、もう少し誘導的に使って、豊かな展開のある会話へと進めていくことが大切です。

結局、会話というのは、普通のことばを媒介としてのやりとりなのです。だから、最初にネタがないとやりにくいものです。ネタさえあれば、それをもとにして問いかけたりできるようになっていくわけですから、身近にある絵本やカードなど、様々な材料を用いて会話を展開していくことを考えてみるといいと思います。

Q32 Question

「なんで？」「どうして？」などの質問が止まりません。

５歳の自閉症の男の子、非定型型などと言われて知的な遅れはあまりない子どもです。親がどんな指示を出しても「なんで？」「どうして？」「しなかったらどうなるの？」「お家にいつ帰るの」と、母親が先生と話している最中でも間に入ってきて、母親が言ったことすべてにたくさんの質問をしてきます。どうしたらいいでしょうか？

Answer

奥田式
ダメなものはダメなんです

こういうタイプの子どもは、会話がすごく楽しいものとなっているのでしょう。お母さんと話がしたいという思いが強くあるのでしょうね。

このような場合、私はお母さんの行動を観察するようにしています。するとほとんどのお母さんが、子どもの質問に対して、無視せずに全部答えているのです。子どもは自分のペースで質問し続けるわけですが、答えられないような質問でも、お母さんは「そうねぇ」と納得するまでまじめに答えてあげているようです。

お母さんが子どもの手の平の上で遊ばれており、子どもの方が主導権を握ってしまっている状態です。お母さんはいつもアタフタしながら質問に答えるだけになってしまっているのです。

例えば、部屋の中で「硬いボールを投げると危ないから、軟らかいボールにしなさい」と言うと、「硬いボールを投げたらどうしてダメなの？　なんで？」と聞いてきたりします。するとお母さんは「危ないからよ」と答えるのですが、そこでまた「どうして危ないの？」と質問が繰り返されて、キリがありません。こんな状況のとき、私は「軟らかいボール！　軟らかいボールを使います！　今日は軟らかいボールを使います！　こっちの硬いボールは使いません！」と一言だけ伝えるようにしています。

当然、私にも「どうして？　どうして使わないの？」と子どもは聞いてくるわけですが、「使いません！」とだけ返答するような毅然とした対応をします。そして、お母さんにも「質問に答えないでください」とお願いしています。いつも質問に答えてくれる人が答えなくなると、行動分析学の用語では**消去バースト**と言うのですが、爆発的に泣いたり怒ったりすることがあります。私の場合は、子どもが泣いたり怒ったりしたら、もっと毅然と明確な指示を与えることにしています。「座って」と指示を与えて床に座らせ、「軟らかいボール使います！」と言い聞かせて、「どうして？」と聞いてきても「軟らかいボールを使います！　泣かない！」と言って、あえて説明はしません。

これは、説明がなくても、納得がいかなくても、子どもが爆発せずに過ごすための練習なのです。また、確認ができないと不安になるという神経症予防のための方法でもあります。今回の質問のようなお子さんでも、このような練習をしていくと、お子さん自身が今後の生活で楽になっていくのです。世の中には「なんで？　なんで？」と聞いても、答えてもらえないこと（答え自体がないこと）というのはたくさんあって、それにこだわっていると学習も仲間関係も困難になってきます。だから、理由が分からなくても言われた通りにするということも、実は子どもの発達にとって重要なことなのです。

子どもの要求は叶えた方がいいと言う専門家もいるようですが、場合によっては叶えない方がいい場面もあるのです。すべての要求を聞いてしまうことは、その子どもの成長にはつながりません。3、4歳くらいの幼児ですら、自分の思い通りにならないことに出くわすのです。目の前の子どもがかわいいからといって要求を全部聞いてあげてしまったら、その子は将来どうなりますか？　「納得いかないけれど、先生やお母さんの言ったことを聞いてみた、そしたら褒められた、大人の言うことを聞いてみるのもまんざら悪くないな」という経験や学習も、子どもの成長にとっては必要なことなのです。

あえて練習してみると良いでしょう。例えば「今日の夜ご飯は何時？」という、簡単に答えられるような質問でも、わざと答えないようにしてみてはいかがですか？　絶対に答えないとするわけではなく、時にはとぼけながら「遊び心のある答え」をしてあげてください。子どもが「今日のご飯は何？」と聞いてきたときに、「ハンバーグよ」と答えるのではなくて、「さあね、なんだろうねえ？　楽しみにしててね、ワクワクするね～！」みたいな答え方をしてみましょう。このときに、子どもが「どうして？　教えて！」と質問してきても、「お楽しみ！　質問はもう終わり！」と取り合わないようにしましょう。

こういうこと以外でも、「ダメなものはダメ！　説明は1回だけ！」として、後は完全に取り合わないで過ごすことができるようになれば、子どもの「なぜ？」「なんで？」「どうして？」という「なぜなに不安スパイラル」の悪循環を断ち切ることができるのです。

小林式

スケジュールで確認させましょう

私は進め方として、朝のうちに時間をとってその日のスケジュールを作り、それを家の中に貼り付け、外に出掛ける用事があるときには、そのスケジュールを手帳に全部移すようにしてみてくださいとアドバイスしています。

　このお子さんの場合は、「どうするの？　いつ行くの？　いつ帰るの？」と時間の経過に関する質問が多いようですので、朝の時点で分かる範囲だけでも確認して決めておいて、それ以外の予定につきましては「不明」として、「分かりません」とするしかないと思います。

　原則は奥田先生と同じで「今日使うのは軟らかいボール」と決めたら、それを掲示して、子どもが何か質問してきても、黙ってそのボールを指差すだけにすればいいのです。「何でそれ使うの？　今日は○○なの？」と質問され続けるのは、本当に苦痛ですので。

　やはり幼稚園や学校での集団生活で、友達や先生に同じような質問を繰り返すと、嫌われたり、仲間はずれにされる原因になってしまいますからね。

　同じことを繰り返さないためには、どのような対応をすればいいのかを考えるべきでしょうね。年齢が低いお子さんの場合は一覧表でのスケジュールを決めて、それに従うことにしてしまえばいいでしょう。中学生で人に嫌われてしまうような発語行動がある場合は、一覧表よりもいろいろなバラエティーに富んだ話題があるので、徹底的な説得療法というか、「それは違うよ」ということを明確にするためにも徹底的に分析してカウンセリングをする必要があるでしょうね。

「あと質問は1回だけです」とか「あと3分で制限時間です」と宣言し、それに従わせる習慣を形成するのです。「お母さんへの質問も1回だけ」「2回以上続けたら、お母さんから先生に電話してもらいます」と約束を交わすことも有効です。

第5章 行動編

困った行動との付き合い方

Q33 Question

アスペルガー障害と診断されました。

幼稚園の年長クラスに在籍する女の子です。年中クラス（４歳）のとき「友達にいじめられる」という理由で登園拒否となり、病院で診察を受けました。そこで「アスペルガー障害」と診断されました。親としていろいろ調べましたが、一生治らない病気ということでとても心配です。どうしたらよいでしょうか？

Answer

奥田式 いろいろな支援が早くからスタートできます

お医者さんからこのような診断をされるということは、多くの親御さんにとってショッキングなことです。

この女の子の場合は、4歳のときの登園拒否がきっかけでアスペルガー障害という診断を受け、親御さんにすればショックも非常に大きかっただろうと思います。しかし、青年期になってはじめてアスペルガー障害と診断されるお子さんも多くいます。アスペルガー障害に関していえば、成人してから診断されたという人もいるのです。

でも、こういう青年期くらいで診断された人たちの話を聞いてみると、ショックを受けたというよりも「あぁ、そうだったのか、なるほどね」と妙に納得する場合も見受けられます。幼いときに診断を受けると、「まだこんなに小さいのに、なんでこの子に障害があるの？　しゃべれるのにどうして？　これって本当に障害なの？」と反応される親御さんが多いのですが、逆に14歳ぐらいの年齢ですと、「あぁーなるほど、そういう障害が原因だったのか」と納得されるのです。

正式な診断がなされるまで、集団になじめなかったり、不可解な行動を起こしたりして、本人や家族が苦しんでいたわけですから、原因が分かってそれで納得ということなのでしょう。それまでは、「親の育て方が悪かったから」「本人の性格が歪んでいるから」「自分の頭が悪いからだ」というように、自分自身のことをずっと責めていたのです。

親のせいでもなく、本人のせいでもないということが分かって、気持ちも楽になり理解が深まっていくんです。

自分自身の障害を「なるほど」と納得している人たちと出会ってきたからでしょうか、お医者さんに診断されることが絶望的なものと私は思えません。

まだ幼い子どものときに「自分の子どもに障害がある」と初めて知った親御さんの気持ちや受けたショックは計り知れないものがあるでしょう。でも、このお子さんの今後の発達のことを考えると、早い段階で診断を受けたことによって、早く支援を開始できることは、とてもいいことだと思うのです。支援というのは、その子どもがもっているアスペルガー障害の様々な特徴を、社会の中でどのように生かしていくかということです。

アスペルガー障害の子どもたちというのは、社会の中に出ていけないような子どもたちではありません。将来的に職に就いて、自立した生活をしようと思えば、それが十分にできる子どもたちなのです。でも、それを可能にするためには、学校や社会のサポートを受けたりしながら、周囲の理解や本人の自己理解を高めていけるような支援が必要です。

ですから、この親御さんの場合、まずは子ども自身の自己理解と周囲の理解を高めていくよう心掛けていくことが大切といえます。アスペルガー障害の人たちというのは、人付き合いが苦手で社会的な部分で不得意なことがあるので、その分、得意な分野を伸ばしてあげてください。

得意な部分ができたら、それをどんどん伸ばすような支援をしていくといいと思います。でも、それだけでは社会生活上の人間関係でつまずいてしまうこともありますので、集団適応のための練習も同時に進めていく必要があります。

4歳ですから、まだまだこれからですよ。14歳ぐらいになって診断を受けたお子さんに比べれば、10年も早くスタートできるのですから、しっかり周囲が理解してサポートしていきましょう。

障害があるという診断をされて、ずっと傷ついたままでいるのは不幸なことです。早めに診断を受けたのですから、これからいろいろな支援ができると考えて、「この子の可能性を拡げてあげられる」というくらいの気持ちでいた方がいいと思いますよ。

小林式 子どもに合った学習を計画的に行ないましょう

奥田先生がおっしゃったように、原因も分からずにずっと人間関係がこじれたまま「何でそうなるの？」と悩みを抱えた青年期以降の人が、「アスペルガー障害にはこういう特徴があります。あなたはアスペルガー障害です」と言われると、「あぁ、そうだったんだ」と納得する人が多いです。基本的な問題が解決するわけではないのですが、変に安心するのでしょうね。

本人もそうですが、特に親御さんの場合は、周囲からも「育て方がまずかったんじゃない」と言われて、自分を責めていることが多いようで、この告知によって、ホッと安心するようです。

ですから、この場合の診断名というのは何の解決にも結び付きませんし、他のことにはまったく役にたちませんが、安心材料としては役にはたっているのでしょう。しかし、本来の診断というのは、ただ診断すればいいというわけではなく、何をどう処方するのか、そして今後どうしていくのかという点につながっていなければ意味がないのです。

アスペルガー障害と言われた子どもたちの中には、ことばの発達や勉強に遅れがない子どももいます。この人たちの重要な問題は、あれこれと余計な推測をしてしまったりして、対人関係がこじれたりすることなのです。

もしかしたら、このお子さんは、仲間とうまく付き合えないと感じていて、実際は他の子がいじめていないのに「みんなにいじめられるから幼稚園に行きたくない」と言っていたのかもしれません。きちんと相手を理解し、どう付き合ったらいいいか、それを教えてあげることが大切でしょうね。その子どもに合ったソーシャルスキル訓練のようなものを、計画的にやっていくといいといいでしょう。

ことばや全体的な認知の発達も良好ですので、絵本や紙芝居などを通して、他児とどのようにすると「ことばを交わし」、どのように「つき合い」、どのようにすると「仲よくやれる」のかをまず頭で学習させましょう。

そして、最初は大人（先生など）がついて、少人数の集団で実行してもらいます。一般の集団場面でも実行できるようになって、慣れて、自然に振る舞えるようになることを目指します。仲間との付き合いを大変苦手としているのですから、計画的な付き合い方の技術学習が必要です。

次々といろいろな場面で、いろいろな対人関係での困難が生じてきます。専門家と相談して対処の仕方を次々と学習していくことが大切です。

Q34 Question

体調不良を訴えて登校をしぶるようになりました。

小学１年生の男児です。２学期が始まってすぐ、体調不良を訴えることがあり、休ませました。その後、体調不良を訴えることが多くなっています。午前中に調子が悪く、午後になると顔色が良くなります。学校でいじめがあるわけでもないのですが、このまま体調不良の訴えを受け入れて、学校を休ませるべきなのでしょうか。精神科医に相談したら、「学校は本人が行きたいと思うのを待つほかない」と言われましたが、本当に待つだけで大丈夫でしょうか？

Answer

小林式

登校できそうなら、お昼からでも学校へ行かせてみましょう

この精神科医の先生の言う通り、自分自身で行きたいと思っている子どもだけが学校へ行って、行きたくないと思っている子どもは学校へ行かなくていいということになったら、学校は閑散としてしまうでしょう。勉強が好きか、みんなと会うのが好きな子ども以外は行かなくなってしまうでしょうね。

このお子さんは、1年生の1学期には問題がなかったのに、夏休み明けの2学期には学校へ行けなくなり調子が悪くなってしまったのですね。このような場合、まずは身体的な検査をしてみてください。そこで、はっきりとした病気が見つからなければ、「なぜ学校へ行くことができないのか」ということを解明していく必要があります。

これだけの情報しかなくても、1学期と2学期で子どもの状態が変わっているわけです。もしかすると、仲間関係かもしれませんし、周りを意識して非常に強いストレスを感じるようになったのかもしれませんし、夏休み中に家でゴロゴロしていたことに味をしめたのかもしれません。

いじめでもなく、病気でもない場合、ではいったい何が登校できないような状態をつくったのかを解明して、それに対処するのが妥当な方法と言えるでしょう。

もし原因がはっきりと分からないときには、徐々に無理のないところからはじめてみてください。このお子さんの場合は、朝は体調が悪いけれど、午後になると元気になっているということですね。

おそらく、「今の調子なら学校に行けるなぁ」とか「だんだんよくなっていくんだから、学校に行かなきゃいけないよ」というような言い方をすると、もっと調子が悪くなるかもしれません。お昼近くになって元気になるのは、いまさら「学校に行きなさい」とは言われないだろうと、安心するからでしょうね。

午後になって、さらに元気になるようでしたら、「そんなに元気になったら、学校行けそうだね」と言ってみてください。安心しきった子どもが「うん」と言ったらしめたものです。すぐに荷物を鞄につめて学校へ連れていってください。

「行ける？」と聞いたら本人が「うん」と言ったということがポイントで、無理強いしているわけではないのです。本人の意志を尊重しているのです。学校に到着する時間が6時間目でも放課後でも、そこから始めればいいのです。

学校とは朝から行くものだと決めているからうまくいかないのです。最後の方から徐々に攻めていって、最終的に朝から行けるようにするという方法を、私はよく使います。小学校低学年ぐらいであれば、こういうソフトな手段がいいと思いますよ。

もちろん強引な手段が有効な場合もあります。それは、子どもが泣こうが叫ぼうが、「本当に具合が悪くなったら保健室で寝てればいい」というくらいの覚悟をもって、朝から学校に行かせてしまうのです。夏休みのさぼり癖がズルズルと尾を引いていることが原因で学校に行けない場合は、これだけで治りますよ。登校したり、しなかったりして朝になるとグズグズしているときは、登校したときの様子を調べることです。教室に入ってしまえば、勉強も友達関係も元気にできる場合には、強制登校がもっともよい方法となります。

いずれにしても、なぜ学校に行けなくなったのかを解明して、処方するということを心掛けましょう。

奥田式

「体調が悪くなったら病院へ行く」ということをあらかじめ伝えておきましょう

「不登校」や「登校しぶり」と大きな枠にしてしまうと、焦点が定まらなくなってしまいます。

「学校に行かない」と一言で言っても、どういう理由で学校に行きたくないのか、なぜそういう主張をするのか、その子どもの動機や理由はそれぞれです。その動機を特定するために、私たちは**機能分析**（Q49参照）を使います。

このお子さんのことを詳しく聞くと、親が「朝よ、起きなさい！」と声を掛けても、学校に行かなければならない時間までダラダラしていて、しびれを切らした親が「じゃあ今日、学校休むの？　休むなら、おとなしくしていなさいよ」と言うと、「うん、休む」と答えるような感じが続いているそうです。

でも、朝の学校に行くまでの時間帯には「すごく調子が悪くて学校に行けない、お腹痛い」などと言っていたにもかかわらず、お昼過ぎぐらいから不調やしんどさの訴えが徐々になくなり、夕方には調子がよくなっているとのことです。

そこで、夜になって「そんなに元気になったんなら、明日行けそうね？」と親が声を掛けたりすると、「ちょっとどうかな？」と怪しい感じになり、翌朝になるとまた体調が悪くなったと訴える、という繰り返しが続いているといいます。

このお子さんのように、午前中は調子が悪いけど午後になるとよくなるというパターンを**日中変動**と言います。また、**週間変動**というのもあります。これは、学校や仕事が始まる前日、つまり月曜日から始まるのであれば、日曜日の夜に状態が悪くなり、週の最後の日である金曜日の夜が一番元気というパターンですね。

一般的には、月曜日から仕事や学校が始まるので、日曜日の夜にブルーになる人が多いですね。私はこれを別名、**サザエさんのエンディングブルー症候群**と呼んでいます。これは、日曜日の夜にテレビで放映されている「サザエさん」のエンディング曲を聞く頃に、「もう日曜も終わりかぁ、明日からまた1週間が始まるのかぁ」というブルーな気持ちになることです。こうした週間変動の有無もチェックしなければなりません。

また、このようなお子さんの場合、もう一つ考えるべきことがあります。お母さんの接し方ですね。このような場合は、接し方を変える方法が効果的かもしれません。

まず、子どもが「体調が悪い」と言って学校を休んだときに、お母さんがどのように接しているかということです。例えば、体調が悪いという理由で学校を休むのであれば、病院へ連れて行くことが基本となります。そのためには、「学校は必ず行かなければならないもので、どうしても休まなければならないほど体調が悪いときには、病院に行かないといけないよ」「痛い注射をされるかもしれないけど、病院に行こうね」「苦いお薬を出されるかもしれないけど、飲まないといけないよ」ということを、幼稚園に通うくらいの年齢になったら、日頃の元気なときにあらかじめお子さんに繰り返し伝えておく必要があります。

わが家では、「調子が悪いときには病院に連れて行く」ということを決まり事にしてください。親御さんにも、「子どもが体調不良を訴えた場合は、必ず病院へ連れて行くと普段から伝えておいてください。そして、それを必ず実行してください」とアドバイスしています。

このように普段から言い聞かせているのに、子どもが「調子が悪い」と言うならば、それは本当のことである可能性は高いです。だって、「病院で注射されるかもしれない」ということが分かっていて、それでも「調子が悪い」と言うわけですからね。

そして、お母さんの注目という機能について考えてみましょう。これは、子どもがお母さんからの注目を得るために、学校を休んでしまうということです。子どもがそう言うとは限りませんが、「大好きなお母さんと一緒にいることができるから学校を休みたい」と、お母さんと一緒に過ごすために学校を休むようになってしまうことは避ける必要があります。でも、こういう子どもは実際に結構いるわけです。

例えば、学校を休んだにもかかわらず、家で仕事しているお母さんの後追いをする子どもや、お母さんが「買い物に行ってくるね、あなたは学校を休んだのだから家でじっとしてなさい」と言っても「買い物に一緒に行きたい」と駄々をこねる子どもなど、口では「調子が悪い」と言いつつ学校を休んだのは、結局はお母さんとべったりしたいからという子どももいるのです。中には、お母さんではなくてテレビゲームで遊んだりマンガを読んだりして過ごしている子どももいます。
このような子どもの場合には、休ませた日には「学校から帰ってくる15時までの時間帯は、お母さんとべったりすることは一切なし、かかわりもゼロ、ゲームもマンガも一切無し！」というようにするといいでしょう。もちろん15時以降は、たくさんかかわって、話も聞いてあげてください。

きょうだいがいるような場合も注意が必要です。「お兄ちゃんだけずるい、僕も休む」などと言い出したり、きょうだいそろって不登校になっている子どもたちは多く存在します。お母さんの奪い合いで、不登校になるのは好ましくないですよね。そうではなくて、きちんと学校に毎日行っているお子さんは、お母さんにいっぱい注目してもらえるし、話も聞いてもらえるというようにしてあげてください。正しい方法で導けば、一網打尽に不登校など解決できるものです。

最後に体調不良について、基本的なことをアドバイスします。最近の日本の子どもは「しんどい、疲れた」が口ぐせになってしまっているようです。原因はいろいろあると思いますが、「日本人は世界で一番寝ていない」という国際比較のデータがあります。街中も家の中も遅い時間まで明るいということも関連しているのでしょうね。

日本では子どもの就寝時間が23時、24時となっているようです。これはあまりにも遅いですよね。日本人の小学生が「疲れた」と言うことも分かる気がします。睡眠不足が原因なのでしょう。

欧米では、小学生は19時、中学生でも21時くらいになったら寝なければならないようです。さらに、子どもが「疲れた」などと言ったら、「子どもは絶対に疲れません。『疲れた』と言ってはいけません！」と怒られるそうです。

日本では、子どもが「疲れた」と言うと、「疲れたの？大丈夫？」と、過保護に優しくしてしまう親が多いように思います。でも、このようなことで過保護にするくらいなら、もっと早く子どもが寝る工夫をしてあげるべきです。まずは、子どもの「疲れた」という状態に心配をめぐらす前に、親として基本的なことをしてあげてください。子どもの睡眠は、保護者の責任、コントロール次第です。

そして、もう一つ重要なこととして、暗示や催眠みたいなものの効果についても知っていてほしいのです。

最近、話題になった『佐賀のがばいばあちゃん』（島田洋七、徳間書店）。貧困な時代の貧困な、でも温かい家庭にあった実話です。このばあちゃんはね、催眠療法のプロではないかと思いますよ。がばいばあちゃんは、「お腹すいたよ」と空腹を訴える孫の洋七少年に対して、「気のせいだ、もう寝るよ！」と平然と言うのです。明くる朝、お腹ペコペコで目を覚ました洋七少年は、「ばあちゃん、朝ご飯、まだ？」と聞いたところ、ばあちゃんは「朝ご飯？昨日、食べたやろ？」と返すんですよ。これって虐待と思いますか？　本当に食べ物が無かったんですよ。ばあちゃんも空腹のまま仕事に向かいます。これが虐待なら洋七少年はおばあちゃんのこと、思い出したくもないでしょう。洋七少年はおばあちゃんのことが大好きで、おばあちゃんの強烈なことばの数々に大きな尊敬の気持ちを抱いて「がばい（すごい）ばあちゃん」と呼んでいるわけですから。このおばあちゃんの強烈すぎる接し方は、子育ての場面で効き目たっぷりなんですよ。

例えば、「しんどい」と言っている子どもに対して、「しんどいの？　大丈夫？」と聞いたりすると、しんどい気持ちはどんどん強くなります。また、足をけがして痛がっている子どもに「痛いの？　大丈夫？　イタイノイタイノとんでけ〜！　大丈夫？　治った？　まだ痛い？」と聞くのも逆効果で、痛い思いを長引かせてしまうでしょう。

転んで擦り傷を作ってしまって泣いている子どもには手早く消毒してばんそうこうを貼ってあげて、「大丈夫？まだ痛い？」などとは言わずに、「よしっ、もう大丈夫！遊ぶぞ！」と声をかけてあげると、涙も乾かないうちに子どもは気持ちを切り替えられるのです。子どもは思っているよりも強いのです。足から血が出ていても、平気で遊んだりしますよ。

良くも悪くも子どもには、催眠効果とか暗示みたいなものが効きますね。だから、体調不良や疲れを訴える子どもに対して「しんどいの？」と付き合えば付き合うほど、子どもが、「そうだ、僕はしんどいんだ」と思うようになってしまうものです。ですから、佐賀のがばいばあちゃんにならって「しんどい？　気のせいだよ」と言えるような、「肝っ玉カアチャン的」な接し方は、子どもを強く成長させていくことになるでしょう。

Q35 Question

道順や順番のこだわりに対してどうすればよいのでしょうか？

自閉症のこだわりは治らないと聞きました。いま3歳6か月なのですが、買い物に行く道順や玄関に入る順番までこだわっていて、とても困っています。いつもと違うことになると、激しく泣いてしまいます。本当に治らないのでしょうか。少しでもよくなってくれたら助かるのですが。

Answer

奥田式 こだわり崩しキャンペーンを実践してみましょう

「こだわり」は崩せますよね。ただ、子どもの「こだわり」にこだわっているのが本人ではなくて、お母さんやお父さんたちのほうが、その「こだわり」にこだわっている場合がよくあるんです。

奥田式では、年少の自閉症児には**こだわり崩しキャンペーン**を勧めています。

スポーツではよく「フェイント」ということばが使われますが、こだわり崩しキャンペーン実施中には、このフェイントを多用します。

例えば、子どもと一緒に家に帰ってきました。いつものように家の前の駐車場に車を止めて、いつものように最短距離で玄関へ向かいます。そのときに、「あー、そうだ、そうだ！」と言いながら正面から玄関へ向かわず、庭の方をグルッと回ってみます。たったそれだけでも、こだわりの強い子どもは大泣きしてしまうこともありますが、いつもと違うパターンを何回も練習してみます。

このキャンペーン中は、子どもが泣いても叱ったりなだめたりする必要はありません。あえて気付かないふりをしてみます。子どもが泣いている原因をお父さんやお母さんは分かっていますが、「こだわり崩しキャンペーン」中は、ひたすら知らんぷりをし続けます。「もう一回やり直しをしたい」と子どもが泣いても、無視します。当然、子どもは泣くでしょうが、いずれ泣き止みます。

とにかく普段から日々のパターンを変えていきましょう。例えば、食卓でいつもお父さんの座る席を変えてみるとか、ソファの位置をかえてみるとか、寝る部屋を変えてみるとかします。

実は、大人側が毎回同じように玄関に入り、毎日同じルートで帰っているなど、意識せずに「こだわりのルーチン」を作っていて、レパートリーを拡げていないのです。こだわり崩しキャンペーン中には、どんどんパターンを崩していきましょう。子どもは泣きます。しかし、子どもはすぐ慣れていきます。これを**馴化**《じゅんか》といいます。年齢が低ければ低いほど、慣れるのは容易です。慣れないのは大人のほうなのです。生きている間というのは、変化がないということはあり得ないわけです。ですから、早いうちに経験していれば慣れますよということです。どうでもいいことにこだわるというのはしんどいですからね。

こだわりは徐々にやわらかくなっていきます。だから「こだわり＝悪」とは思ってはいけません。自閉症の教科書の中に「こだわり」と悪者っぽく書いてあるからいけないんですよね。大阪や東京の下町には、「こだわり職人」が山ほどいるわけですから。

小林式 遊びながら他のことをしましょう

こだわりは治ります。このようなケースの場合は大原則として「うっかり行動」を利用します。

例えば、「3階から4階に行かない」というこだわりをもった子どもをおんぶして遊んでいるうちに、子どもがハッと気付いたら、4階まで行ってしまっていたということが実際にありました。この子どもは、その後4階まで一人で行けるようになりました。

買い物へ行く道順にこだわりがある場合には、「おんぶ」と言って背中を出すとパーッと走って、パーッと飛びつくかたちをとりますよね。買い物へ行くとき「はいよー」と言って、いつも行かないところに少し入ったところで、背中をみせます。背中に飛びついた子どもが途中ではっと気がつく、「いつもの道じゃない……」と。こんなふうにうっかり間違えてしまうことでレパートリーが拡大していくのです。「きょうはこっちの道をいくんだよ」と無理をして手をひっぱったりすると、子どもはよけいムキになってしまいます。

玄関へ入る順番にこだわりがある場合も、子どもが他の物に気をとられたりしている間に、いつもと違うことをやりながら玄関に入ってみます。うっかり行動で、レパートリーが拡がっていくのです。

うっかり反応の利用が重要です。大きくなると手強くなりますが、3歳くらいの子どもであれば、遊びながら他のことをやっていると、いつのまにかこだわりではないものがでてくるのです。

Q36 Question

洋服にこだわりがあって困っています。

５歳の自閉症男児です。洋服にこだわりがあります。半袖半ズボンを着たがりません。夏になって外出するときも薄着をさせようとすると、激しくかんしゃくを起こします。毎年、夏になると真っ赤っかな顔をして暑そうなのに、長袖にこだわる理由が分かりません。何とかならないものでしょうか？

Answer

小林式

うっかり法で慣れさせましょう

この問題を解決する大原則というのは、「慣れる」ということです。うっかりやってしまった後に慣れるということでもいいです。「慣れる」ということをどう取り込むかがポイントになってきます。

子どもはいつも長袖を着ているわけじゃないですよね。お風呂に入るときには、脱いで裸になっているはずです。ですから、着替えの途中で、追っかけて走らせたりして、子どもの気を散らせるといいでしょう。場合によってはパンツとシャツのままで庭や外に飛び出したりしてもいいではありませんか。

このときには、「本来着るものを着ていなければ外に出ない」というこだわりをこのお子さんはもっているわけですが、うっかり間違って、半袖のまま、パンツのまま、外へ飛び出して、走り出したとなると、やらないことに決めていたものをうっかりやってしまったことになりますよね。

このような経験をした後に着替えをすると、抵抗はするけれども、ひどいパニックは起きないものです。自分の中で決まっていた禁止事項を、初めて破ってしまったのです。「同じ道にこだわるため他の道は行きませんよ」「この部屋には入りませんよ」「この階段は3階までで、4階にはいきませんよ」と他にも決め事がいろいろある場合は、うっかり決め事を自分で破るチャンスを策定するのが最も良い方法です。1回うっかりやってしまうと、後は著しく抵抗が減るものです。

パジャマに着替えたり、お風呂に入るときに服を脱いだりする着替えのチャンスに、うっかりと走らせてしまえばいいのです。

奥田式 どさくさにまぎれて法で着せてみましょう

今までこのような子どもたちをたくさん治してきました。最初は子どもにとって嫌なことをするわけですから、当然、泣き叫ぶこともあります。それでも、最後には抵抗なく着替えられるようになります。

子どもが泣こうがわめこうが、そんなことはお構いなしに「ハイ、ハイ、ハイッ！」と魔法をかけるように、そして盛り上げながら「かっこいいよー、かっこいいよー！」と着せていきます。嫌がる子どもに着替えさせるのではなく、半分以上、こっちで着替えさせてあげるような感じです。子どもは泣きわめき嫌がりますが、着せながら褒め続け、くすぐり続け、着替え終えたらシールをあげたりしながら、「はい！　1本目、終わり！」というふうにします。終わった後は、「よし！　もういっぺん、ヨーイ、ドン！」と、今度は脱がせて、別の服を着せてみましょう。できたら「はい、またシールどうぞ！」、そして「ヨーイ、ドン！」と、10分くらいの短い間に、3〜4セット練習してみます。

1日に1、2回だけ着替える機会を設けるのではなくて、練習機会を1単位、例えば10～15分と設定し、その時間内で5回、10回と練習していくのです。集中的に練習するほうが効果的です。

最初、子どもはとても嫌がりますし、泣きます。しかし、嫌がるのは分かっていることですし、泣かないようにするのではなくて、やりきってしまうのです。褒めて、くすぐって、盛り上げてと着せ替え人形のような状態ですが、強引に着替えさせてしまうのです。それを褒めまくりながらやります。この繰り返しです。

このように進めていくと、1回目にとても嫌がった子が、10回目にはそんなに嫌がらなくなります。最初は泣きながらですが、絶対に着たがらなかった半袖を着られるようになったりするのです。5歳くらいで、これくらいのこだわりであれば、練習すれば簡単に治せますよ。

小林式の**うっかり法**と奥田式の**どさくさにまぎれて法**は、どちらも行動療法です。結局、気をそらせているうちにやってしまうことがポイントで、うっかりやるか、盛り上げてやるかの違いで、それ以外は共通している方法なのです。

Q37 Question

収集癖が強くて困っています。

小学３年生の自閉症の男の子です。いろいろこだわりが強くて困っているのですが、中でも親が買った週刊誌を毎号捨てずに部屋に重ねています。部屋の床が壊れるのではないかというくらい、バックナンバーだらけになってしまいました。このまま保管し続ける場所もなく、どのように処分させればよいでしょうか？

A Answer

奥田式 マンガ喫茶式保管法とデジカメコレクション法

このようなお子さんへの対処法は、二つあります。

一つ目は、**マンガ喫茶式保管法**を導入することです。雑誌などは処分するものと思いがちですが、インターネットカフェやマンガ喫茶のような場所では、毎週たくさんの雑誌やマンガなどを保管しています。

しかし、建物の大きさは変わるわけではありませんし、図書館みたいに少しずつ棚を増やしているわけでもありません。ではいったい、どのように保管しているのでしょうか？　雑誌類はある程度のバックナンバーだけをストックするようにして、それ以前の物は破棄しているのです。どの程度までストックするのかは、マンガ喫茶によってシステムが異なり、１か月分のバックナンバーを置いている店もあれば、２週間分しか置いていない店もあるでしょう。１週前のバックナンバーすら捨ててしまう店もあるのです。これを私はマンガ喫茶式保管法と呼び、これを家庭にも導入することをお勧めします。

例えば、本棚に保管する雑誌を8冊までと決めてしまうわけです。そして、新しい9冊目の雑誌を保管したいときには、古い雑誌から捨てていくという方法です。そこで、子どもがパニックを起こしたとしても、厳格なルールにしておいて、必ずそれを守るようにします。

床に雑誌を積み上げることをやめて、棚に写真や文字などの印をつけて、ここまでが雑誌の保管場所というルールを決めて、それを必ず守らせるようにしてください。今まで子どもの好き勝手にしていた家庭では、子どものかんしゃくは避けられないでしょうね。子どものかんしゃくを回避し続けてきた家庭では、この問題を解決することは難しいと思われます。これまで、親が子どもの好き勝手に許してきたことを、「これからは捨てるようにします」というのは、部屋の床が壊れそうだという事情があるにしても、子どもがかんしゃくを起こしてもしょうがない部分はあります。それでも、子どもが幼ければ幼いほど、こういうシステムの導入は受け入れがよいのです。

二つ目の方法は、**デジカメコレクション法**です。デジタルカメラで表紙だけ写真を撮って、それをどんどんファイルしていくという方法です。デジカメで写真を撮るという行動自体を趣味にしてしまうのです。あるいは写真ではなくて、雑誌の表紙だけをはさみで切り取って、それをファイルに入れる方法でもいいでしょう。

ただし、写真を撮ったり切り取ったりしていいのは雑誌の表紙だけというルールを決めるようにしてください。写真だからといって全ページ撮ったり、全てのページを切り取ったりということになったら、余計に大変になってしまいますからね。こだわってもいいけど、「この辺まで」というルールを作っておくというのは、自閉症のお子さんに対する基本姿勢といえます。このルール作りができない親御さんや先生は、とても苦しむことになります。

このような方法を行なえば、分厚い雑誌の置き場所に悩まされることもなくなりますし、「週刊誌の表紙のコレクターなのね。へぇ、変わった趣味をもっているのね」と言われる程度で済むわけです。お子さんの収集の仕方が心配なのであれば、思い切って変えていくしかありません。それとも、床が抜けるのを待つのでしょうか。さらに子どもの言いなりになって古雑誌の保管倉庫でも用意してあげるのでしょうか。

このようなこだわりには、とにかくルールを決めなければなりません。親が子どもの言いなりになってしまい、大変なことになったからどうにかしてほしいという状態からでは、あまりにも大変です。「自閉症だからこだわる（だからどうしようもない）」「こだわるのは自閉症だから（だからどうしようもない）」と言えばその通りかもしれませんが、私たちの経験では「厄介なこだわりは確かにあるけれども、ルールを守らせることもできる」と実感しています。ルールを最初に守らせるのは大人にとっても大変なことですが、それをやっておけば、大人はもちろんルールを守る本人にとっても、生活しやすい将来を迎えることになります。

小林式 興味のあるページのみを切り取ってファイルしてみましょう

心配されているようですが、このような場合、親御さんが買ってきた物、言い換えれば提供した物を子どもが溜め込んでいるわけですから、親御さんも共犯といえます。親御さんが買ってこなければ、積み上げようがないのですからね。

だから、どうしても取っておきたいような雑誌は、1週間に1冊までと決めたらいいでしょう。それならば1年で50冊程度なので、床が抜けるまでには何年もかかりますから、そのうちに子どもも嫌になるかもしれませんよ。

別の対処法としては、おそらくこのお子さんは、雑誌の中身に興味や関心があるわけではないと思います。ですから、表紙だけを保管するようにしてみてはいかがでしょうか？　この方法なら、床が抜けるようになるまでには、相当の時間がかかりますよね。

もし、お子さんが雑誌の中の写真に興味をもっているようであれば、そこだけを切り取って、ファイルしてもいいでしょうね。ちょっとした工夫をすることで、ただ雑誌を溜め込むことから、価値ある収集に変えることができます。価値ある収集にできれば、まんざら悪いものでもなくなりますよね。

困ったなと思って、「もうためるのはやめなさい」と親が言っても、子どもは騒ぐでしょうし、親がこっそり処分しても大騒ぎになってしまうでしょう。そのパターンを繰り返すことはよくないですね。

遊びなどでもそうですが、子どもが何かを積み上げているところに、親は危ないからと止めようとすると、子どもがギャーギャー泣いてしまい、結局元に戻してしまうというのは、よくあることです。

逆に、親がしつこく「一緒にやろう、一緒にやろう」と声を掛けたりすると、子どもが「もういい」とあきらめてしまうこともあります。

このような場合、基本的には親も共犯者となりますので、どうせなら溜めるときも共犯になってしまうくらいの気持ちで、溜め方のレパートリーを探してみるといいと思います。

Q38 Question

外出先での多動を何とかしたいのですが……

自閉症と診断された息子も３歳になりました。外出先で多動が目立って困ります。電車の中でおとなしくしていられず、あっちこっちに動き回ります。一緒に買い物に行っても、親の手を振り切って好きなところに駆けていきます。このまま大きくなると、一緒に外出するのも難しくなりそうです。練習して良くなるものなら練習しますので、良いアイデアを教えてください。

Answer

小林式

まずは密着関係をつくりましょう

一般的な幼児では、「歩けるようになったから自分で歩きなさい」と言っても、「ママ、行かないで～」とスカートや手につかまったり、お母さんにくっついて歩いたりと、子どもは接近してきますよね。また、もう少し活発になったとして、例えばデパートで親を見失った場合、途方にくれ、どうして良いか分からなくなり「ママ～」と泣き叫んで、迷子センターへ行くこととなってしまいます。

しかし、この質問のお子さんは、お母さんと関係なく勝手にどこか行ってしまうわけですね。このような場合には、まず発達的にお母さんと密着させることが大切です。例えば、お母さんがトイレに行くときも、一緒に行きたくなるような密着関係を築き、そこから分離させていくという手続きが必要です。

自閉症の子どもたちは、そのような密着関係を築くことが容易ではありません。そこで、どうやって密着関係をつくるのかということになりますが、とにかく甘やかせば必ずくっついてくるようになります。お母さんがいなければ何もできないというような状況では、子どもはお母さんにくっついていきますし手を離さないはずです。

ただ、いつまでもこのような状況では困るわけです。「密着関係がやっとできました、でも、いつも離れないので、買い物にも行けないんです」と相談されるお母さんもいますが、こういうときは、密着する人を増やしてしまうことで分離させられるのです。お父さん、おじいちゃん、おばあちゃんがなど見慣れた人に徹底的に甘やかしてもらうようにすれば分離していきます。密着の対象が2、3人に広がると、お母さんへの密着度はグッと減りますからね。密着関係が築けたらこんなふうにして離していけばいいのです（Q2参照）。

流れから言うと、この質問のお子さんのように勝手に動き回る場合には、まず密着関係をつくることが第一段階となります。そうすれば勝手に動かなくなります。でも、いつまでもこのままでは困るので、今度は分離させて一人に対する密着度を減らしていくようにしながら、独立を促していきましょう。このような流れが大原則としてあります。

奥田式

歩き方の練習をしてみましょう

飛び出してしまうお子さんへのテクニックと似てきますが、歩き方の練習をすることをお勧めします（Q39参照）。

3歳くらいのお子さんでも、駅のプラットホームで駆け出して、お母さんが追いかけている、という危険な状況はみかけます。こんなときにどうすればよいかというと、10歳くらいのお子さんでしたら、お母さんが追いつかないという状況も目に浮かびますが、3歳の子どもであれば、お母さんが本気で追いかければすぐに捕まえられるでしょう。

ただ、このような事態を避けるためには、普段から、手をつないで歩く練習をしておくといいでしょう。子どもが振り切ろうとしなくなるまで、根比べです。開始年齢が小さければ小さいほど効果的です。

ところで、「多動」と言われる子どもたちですが、彼らが24時間多動でいるかというと、そんなことはありません。多動児という診断を受けた子どもでも、寝ているときのように、ジッとしているときがあるのです。起きている間でも、ずっと多動というわけではありません。例えば、気に入っているおもちゃや絵本やポータブルゲーム機などが一つでもあると、それを使って遊ぶことができれば、お母さんの大変な状況はかなり軽減するでしょう。ですから、外出時に手を焼いておられるお母さんには「手ぶらで出掛けちゃダメですよ」とアドバイスしています。

10歳くらいの息子さんとお母さんがデパートで買い物しているとしましょう。「お母さんトイレに行ってくるから、そこのベンチで待っていてね」という5分程度の間に子どもがどこかに行ってしまうということがあります。このお母さんにとっては「たった5分間」でも、子どもにしてみれば「何もせずにいつまでも待たされる時間」なのです。そろそろ大きくなった息子さんだと、お母さんは女子トイレに連れて入ることもできません。こういう時間帯こそ、お気に入りのポータブルゲーム機とか、月刊中古車情報誌を渡してあげるのです。子どもはお気に入りのアイテムで遊んだり、雑誌を眺めて5分くらい待てる可能性が高くなります。

最後に、手をつないで歩くことの練習ですが「振り切られないようにしてください」というのが基本です。振り切ろうとすれば、子どもが諦めて力を抜くまで、大人は力を入れて振り切られないようにします。子どもがあきらめて力を抜いたら、大人もほんの少しだけ子どもの手を握る力をゆるめてあげます（ただし、油断していると瞬時に逃げられます）。失敗して追いかけっこになるのは最悪です。振り切って逃げようとしたらグッと力を入れられる。あきらめて普通に手をつないでくれたら、気持ちよく一緒に歩ける。大人にこそ、ちょっと練習の必要な方法だといえます。

Q39 Question

飛び出し行動があります。家庭や専門機関で取り組める方法はありませんか？

年長の男の子です。最近、親の隙をみて家を飛び出してしまいます。道路は危険なので、勝手に飛び出さないように毎回注意するのですが、なかなか言うことを聞いてくれません。玄関の鍵をかけて、庭への出入り口も閉めていますが、このままなるべく外へ出さないようにしたままでよいのでしょうか？　先日、相談室に連れて行ったときも、ちょっとした隙に飛び出してしまいました。将来のことを考えると、心配です。

A nswer

奥田式

外に出て散歩の練習をしましょう

ここでは、家庭での対処法について解説します。

どの子も大きくなればなるほど行動範囲が広がります。これはごく自然のことです。小学校区があって、中学校区があって、高校へ行くのはもっと遠くなるわけです。家から出さないように鍵をかけて対処していたとしても、そのうちに子どもは鍵をはずし、外へ出てしまうようになるでしょう。

だから、家に閉じこめておくのではなく、むしろ家の外を安全に歩く練習をするという逆転の発想が必要なんです。こっちのほうが教育的です。これから紹介する練習方法は、こだわりのある自閉症のお子さんに有効な方法です。

自閉症の子のいいところ、つまりこだわりのいいところに視点を向けます。例えば、散歩のコースを、Aコース、Bコース、Cコースとあらかじめ決めておきます。

Aコースは、お母さんと一緒に歩ける家の周りの短いコースとします。適当に母親と一緒に散歩するのではなく、ちょっと以下のような儀式的な行為をもりこんでみるようにします。

門を出たすぐの道路では右側を歩く。この道路では電信柱をタッチして、その横のブロックを必ずタッチしてから階段の方へ向かう。階段まで行ったら、街路樹をタッチする。そして階段を降りて家に戻るときは道路の左側を歩く。ブロック塀の穴をタッチしながら、この道の左側を歩いてそのまま家の門から帰る。

なんでこんな面倒なことをさせるかというと、小刻みに側道側にある電信柱などをタッチして歩くということは、常に側道を歩かないとできないことだからです。こういうことをすることで、結局は親が安全と思う道路の側を歩くことができるようになります。これをひたすら練習します。子どもの安全のためには、徹底的にこういう儀式的な歩き方を練習させます。子どもがタッチの儀式を忘れて歩く場所を間違えた場合、子どもを引き戻してやり直しをさせます。間違ったところから10メートルくらいは戻します。

こうした儀式的な移動方法を、**行動連鎖**として教えていくのです。子どもが道路の安全な歩き方をマスターしてきたら、母親は少し後ろに離れて付いていくようにします。最終的にお母さんが離れていても、きちんとルートを守って安全に散歩できるようになったら、今度は新しいBコースへとだんだんコースを増やしていきます。

こういうことを練習しておくことは大切なことです。いずれ年齢相応にあちこち行くようになるわけですから、親の知らない間にどこかに出ていってしまうと事件や事故が起こるのです。

しかし、十分な練習をしておいた子どもたちについては、うっかり一人で玄関から出てしまったときに、子どもがどこに行ったかというと、Bコースを一人で散歩していた、しかも、きちんと戻ってくるところだった。万が一、行方不明になったときでも、「いつものあそこ」をグルッと回っているはずだから、だいたいどのあたりに行ったのか、およそ見当がつくものです。

だから、家の中に閉じ込めるのではなくて、むしろどんどん外に出て練習しましょうというのが基本です。これをやっていくと、お母さんと一緒に歩くという練習も同時にしているわけですから、飛び出し行動がなくなったころには、スーパーで一緒に歩いていても飛び出さなくなりますし、スーパー内の歩き方もわかってきます。面倒でも練習するという発想が大切なのです。

小林式

机を壁につけましょう

家庭での対応法は奥田先生と原則的には同じスタイルですので、ここでは、クリニック・相談室での対処法を解説します。

個別のクリニックでの対応といったときに、子どもが部屋から飛び出さずに着席している時間を、どうしたら延ばせるかという悩みもよく聞きます。

例えば、部屋（プレイルーム）の隅に机を置き、横を壁にして、子どもに座ってもらいます。そして子どもの左手、先生の右手をつないで、さあ勉強しようと始めるわけです。このときに、片方の手が空いているわけですけど、その空いている手で、はめこみなどの課題からスタートします。鉛筆でゆっくりと目標から目標まで線をひけるようになると、衝動的にどこかに行ってしまうという行動は減っていきます。

特別に押さえつけてしまうとけんかになりますが、つないでいる腕をまげておくだけで立てません。このような状態でもどうしても立ちたくなる子どももいます。そのときには、様子を見ながら、先生の方が誘導して、「さあ行こうか」と手をつないで走ってみましょう。

座っている時間も5秒→10秒→20秒とステップ式で長くしていきましょう。

Q40 Question

授業中の立ち歩きにはどうすればよいでしょうか？

小学校２年生の通常学級に在籍している男児（自閉症スペクトラムと診断）です。小学校入学後から、よく授業中に立ち歩くことがあります。イスに座っていても長続きせず、姿勢が悪くなってしまい、そのうち教室の後ろで関係ないことをし始めたり、何も言わずに教室の外に出たりすることもあります。学校と連携して、何かできることはないでしょうか？

A Answer

奥田式

特別支援学級の利用など、子どもに合った支援を考えていきましょう

選択肢や考え方は、山ほどありますね。

まずは、この学級で求められていることが、本人に合っていないことが考えられます。このような場合は、特別支援体制として大幅な軌道修正も考える必要があるでしょう。

一つ目は、例えば「通常学級だけで良い！」と言い張るのではなくて、通級学級の利用時間を増やすとか、あるいは特別支援学級に籍を変えるとか、その子どもに合った方法を検討するということです。学習が困難な子どもの場合は、子ども自身の能力やペースに合うように、個別に近い形で学習することが、やはり本人の能力を伸ばす一番の大原則となります。

このような子どもの行動は、一つのサインといえますね。子どもがサインを出しているのですから、そのサインに学校や親御さんが気付かなければなりません。

行動ばかりを問題視して子どもを責めるのではなく、2

年生の通常学級で行なわれているカリキュラムが、その子に合っているのかいないのかという視点が大事になってくるのです。もしかしたら一斉指導のような集団場面が合っていないのかもしれませんし、基礎学習能力が足りないのかもしれません。興味・感心が合っていないことも考えられます。このように考えていくと、思い切ってクラスを替える必要が出てくる場合もあります。もちろん、クラスを替えれば問題が解決するかというとそうではないのですが、真剣に検討していかなければならない方向性ではあります。

二つ目は、クラス替えを考えずに、学級の中に残るという選択です。ここで重要になるのが、先程の適応の仕方の問題です。良い姿勢で座っているだけでいいというのであれば、死人でもいいことになりますよね。死人をイスに座らせておけば、そのまま授業妨害もしませんし、立ち歩くこともありません。「ジッとしていればいい」というのは、教育者の目標としては適切ではないのです。

原則をいえば、きちんとイスに座っていられるようにするためには、勉強を面白いと感じて、机の上の課題に興味や関心をもって「やりたい！」という意欲をもてるようにすることでしょう。簡単なことではないでしょうが、この原則を無視した教師も結構おられます。まずは先生や親御さんが工夫をして、魅力的な教育を行なう必要があります。

きちんと座っていることだけを目標にするのであれば、30人クラスの中で、このお子さんだけ違う課題をしていても問題ないわけです。それこそ、塗り絵をしていてもいいわけですし、国語の時間に算数をしてもいいわけです。

どうしても、国語の時間には国語を勉強させたいというのであれば、周りの子どもがやっている課題と違っていても、問題数の少ない課題を与えたり、イラストの多い課題を与えたりすることもできますよね。漢字が好きな子どもであれば、漢字だけをやらせてみてもいいわけです。

でも、みんなと違うことをやっているわけですから、それを見た友達から「何でお前だけ違うことをしているの？」などと、いずれ言われるようになります。ですから、とりあえず何でもいいから座って課題をやっていればいいという考えにも限界があるのです。

それでは、子どもを座らせるためのコツというか、分かりやすく教えるためのテクニックがあるので、参考までに紹介しましょう。

実際に、担任の先生から相談を受けたことがあります。この先生は、子どもが入学してきてから数年間、「イスに座ってジッとしましょう」とか「友達の邪魔をしないで授業中はちゃんと席に座っていなさい」と指示を出していたそうです。ところが、うまくいかずに手こずっていたようです。ジッとしているのを小刻みに褒めてくれるのであれば、もしかすると子どももジッとしていられるようになるのでしょうが、実際は「ジッとしているのが当たり前」という考えがあるために、それを小刻みに褒めるような大人はいません。

そこで私が飛び入りで支援をすることになったのですが、10分ほど教壇に立たせてもらいました。簡単で分かりやすい方法なのですが、最初に「はい、みんな立ってー！」と言って、クラスの子どもたち全員を立たせたのです。そして、「イスはどこかな？ そうそう、イスはここにあるね。じゃあ、みんなお尻はどこ？ そうそうお尻はここだね」と、イスとお尻の場所を一緒に確認しました。

その後、「今から練習するのは〝お尻・イス〟だよ。〝お尻・イス〟やるよ！」と、子どもたちに伝えました。これだけでも、子どもたちはワクワクして「〝お尻・イス〟って何？」という状態ですよ。そこで、「簡単だよー。お尻をイスにつけるだけだよ」と説明をして、「いくよー！ 用意、ハイ！ 〝お尻・イス〟!!」と言った瞬間にパッと座らせてみるのです。ちょうど子どもたちが大好きなイス取りゲームを彷彿する動きを取り入れた活動なのですが、これだけではただ座るだけですから何も面白くないので、少しずつレベルを上げていきます。

イスに向き合う形で立たせて、私が「……お尻・イス！」

と言った瞬間に、クルっと回って座らないといけないようにしたり、横に立たせてみたりしました。移動を少しずつ増やしていくとイスを乗り越えて座る子どももでてきます。最終的には3～5メートルくらい離れたところからやったのですが、子どもたちはキャッキャ騒ぐし、教室の中は大盛り上がりで、みんなワクワクドキドキしながら私の掛け声を待っている状態です。

「お尻！……」と言っただけで座る子がいたら、「あ、それはフライング！　もう一度やり直し～！」などと言ったりしながら、「きちんと先生が〝お尻・イス〟と言ったときだけ座るんだよ」ということを、遊びの中で教えてしまうのです。

このような状態で、約10分後だいぶ盛り上がったところで、私は教室の後ろに移動して担任の先生に通常の授業を再開してもらいました。すると、やはり授業が合っていないのでしょうね。相談を受けた多動の子どもが、モゾモゾしはじめたのです。

それを後ろで観察している私は、その子どものお尻がイスから浮いた瞬間に小さい声でボソッと「お尻・イス！」と声を掛けました。すると、その子どもは慌てて私の方を見てニヤッと笑ってサッと座りました。しばらく私は気付かないフリをして後ろの壁の方を見ていたのですが、さりげなくその子どもを観察していると、また5分ほどでモジモジしはじめてしまうのです。そこで、また立ち上がりかけた瞬間に「お尻・イス！」と小声で言ってあげるようにしました。

このようなことを3回くらい繰り返していたら、この子どもの意識は完全に私の方に向くようになってしまいます。「お尻・イス！」と言う変な先生がいるぞということ

で頭がいっぱいになり、予想通り授業に全く集中しなくなりました。でも、10分以上経過しても座ったままの状態を維持しているのです。

そこで私は、今度は教室のドアから外に出て、廊下から中を覗くようにしたのです。しばらくすると、またこの子がモゾモゾし始めてお尻が浮いた瞬間に窓越しにその子にだけ小声で「お尻・イス！」と言うと、その子どもは慌てて座ってくれるのです。この状態をしばらく繰り返して、最終的に私は廊下を歩くだけでよくなりました。時々、姿が見えるように廊下を歩くだけで、この子どもは「あぁ、まだいる！」と意識するようになります。こういう練習を1時間ほど続けてみました。子どもは授業のことは全くさっぱりですが、私のことはずっと意識していました。「お尻・イス」がキーワードになって、この一言でハッと気付いてくれるようになったので、ここからは担任の先生にバトンタッチして練習してもらいました。

すると、それまでの追いかけて捕まえて座らせる、しばらくするとまた逃げる、という授業中断の悪循環が不要になり、先生が「お尻・イス」と囁《ささや》くだけで、この子どもは座っていられるようになりました。数か月後、担任の先生にこの子どもの様子を聞いたら、全般的な多動傾向はおさまっていないけれど、「お尻・イス」の効果は見事に続いていて、座りやすくなったし、おとなしくなったそうです。

これは、座らせることを遊びで教えるというちょっとしたテクニックです。廊下に誰かが歩いているだけで、それこそ風がそよぐだけでも「お尻・イス」と言って一緒に遊んだ風変わりな先生を思い出すくらいまで定着させることがポイントです。

これが子どもを座らせるためのテクニックなわけですが、疑問も残りますよね。やっぱり、冒頭でもお話したような大原則（勉強を自分でしたいと思うように導くこと）が基本的な姿勢として必要だと思うのです。

私が支援した子どもはきちんと座れるようにはなりましたが、一斉授業の形態で集中して聞いたり、集団での活動に積極的に参加したりする気持ちまで促進できたといえるのでしょうか。座れるようになったことがきっかけで、積極的な気持ちをもてるようになれば素晴らしいことですが、そのようにいかないのならば考え直さなければなりません。つまり、通級利用や特別支援学級への移籍も視野に入れながら、教育支援体制の見直しが必要となるわけです。

小林式 着席するのが苦痛になっているのかもしれません

間違いなく言えることは、小学校2年の学習活動に参加できてないということは、その活動が面白くないのですね。だからウロウロしてしまうのでしょう。

このお子さんがみんなと一緒に参加できる活動は、いったい何なのかを考えていく必要がありますね。ですから、学校の特別支援教育校内委員会で、このお子さんに対して、どういった内容の指導をどのような場面でやっていくのかを考えていかなければなりません。

例えば、1日のうち数時間は特別支援通級学級に通うとか、通級学級が付近にない場合は知的障害児特別支援学級で、どのくらいカバーすることが可能なのかを考えながら、この子どもができることを増やさなければなりません。参加できる活動や学習内容を増やすことが重要となってくるでしょう。

他に原因があるとすれば体の慢性緊張ですね。この状態が続くと、イスに長く座っていることができず、苦痛になります。腰の曲がりがよくなくて、姿勢が悪いことが原因で、きちんと座ることが苦痛になっているような場合には、身体をくねらせたり、バタバタ動かしたりします。場合によってはイスから滑り落ちてしまうようなことが起きてしまいます。

そのような子どもに対して、安易に「姿勢が悪い、ちゃんとしなさい」という構えで接してしまうと、ますます子どもは教室の中にいることが面白くなくなります。

原因は他にもあると思うのですが、着席行動がうまくできるかどうかを調べるために、子どもにあぐらをかかせてみてください。きちんとあぐらがかければしっかりと腰が曲がっていることになりますし、あぐらをかいて後ろにコテンとひっくり返るようでしたら、腰がきちんと曲がっていないことになります。

もし、きちんとあぐらをかけないような場合には、慢性緊張のために着席することが苦痛なのかどうかを専門家にみてもらって、もし手立てできるのであれば、対応していく必要があります。

もう一つ別の見方を紹介しておきましょう。驚かれるかもしれませんが、授業中に座っていられるから問題ないのかというと、そうでもないのです。

例えば、座っていても、他の子どものまねをするだけでも一応の格好はつくのですよ。みんなが字や絵を書いていたら、自分も何かしら書いてみるとか、みんなが算数をしていたら自分は計算できなくても数字を並べてみるとか、小学校低学年なりにやれることがありますからね。でも、これは**消極的適応**と呼ばれる適応をしているだけといえます。他児の活動を邪魔していないというだけです。

逆に、**積極的適応**と呼ばれるものもありますが、これは、言われたことの中身を積極的に考えて、自分が主体的に取り組むこと、言ってみれば積極的な参加をしていることとなります。こうなれば立派なものです。

このお子さんの場合は、教室の中で自分が参加できる活動がないという事情のため、消極的適応も積極的適応もできていないので、ウロウロしてしまって当然でしょう。ですからまずは、消極的適応をさせることを目指して、友達のまねをして同じようなことをできるようにしていくことを、ねらいにするといいのではないのでしょうか。

本当は、ここから積極的適応にもっていけることが一番望ましいのですが、それはすごく大変なことです。何かをまねして行動するのは比較的簡単ですが、自分がきちんと分かって行動するためには、物を理解する力が高まっている必要があるからです。でも、消極的適応でまねができるようになるだけでも、みんなからいじめられるという心配がなくなるのではないかと思います。

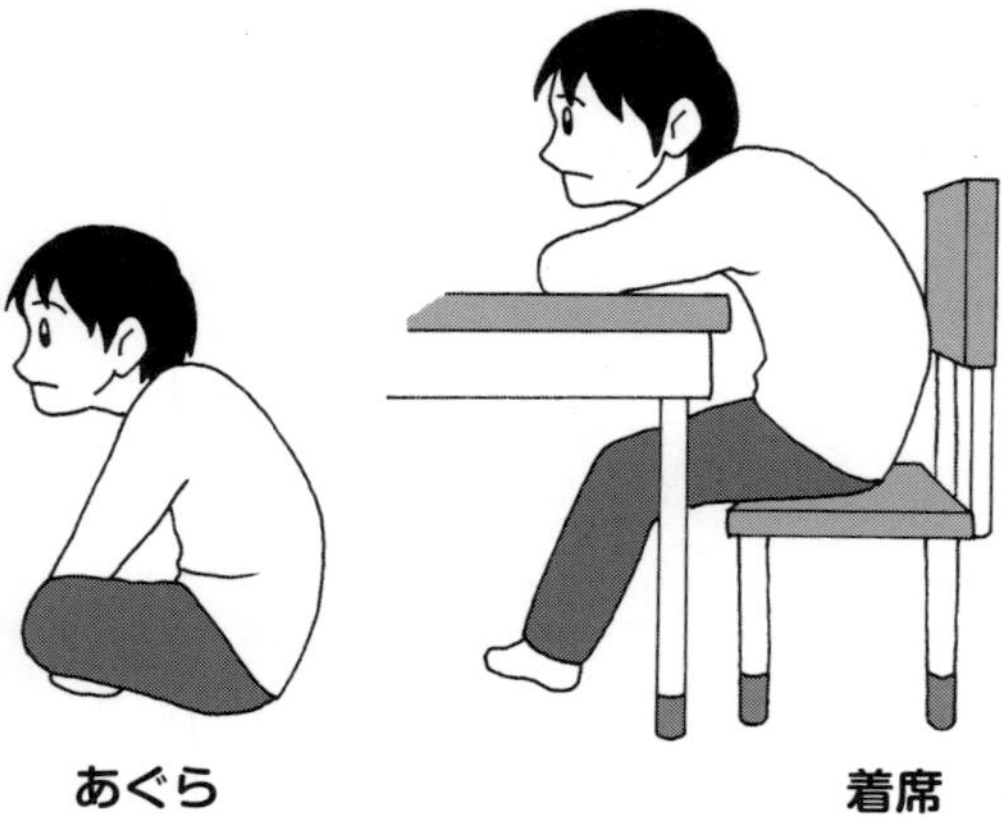

あぐら　　着席

Q41 Question

家族への暴力に対して、どのように対応すべきですか？

４歳の自閉症男児で、かんしゃくがずっと続いています。最近は、泣くと母親を叩いたり蹴ったりします。父親にはほとんどしませんが、母親と姉を執拗に叩きにきます。八つ当たりか報復のように思えるほど、こうした暴力が頻繁に起こっています。どのように対処すればよいのか教えてください。

Answer

小林式 お父さんを残して立ち去りましょう

お父さんが怖いからお母さんを集中的に叩く、という選択的で攻撃的な行動という場合は、本格的なかんしゃくとはいえません。本格的なかんしゃくというのは、向こう見ずの状態でわけが分からずにやるものです。本格的なかんしゃくの場合は別の対応が必要ですが、この子の場合は、自分の思い通りにいかない、その鬱憤晴らしとして、反撃を加えない相手に攻撃行動を仕掛けているのです。

このような場合、まずお父さんがいるのであれば、お父さんを残して、お母さんとお姉さんは出掛けしてしまうといいですね。お母さんとお姉さんはその場所にいる必要はありません。子どもは何かすれば、お母さんが何かしてくれたり、お姉さんに面倒を見てもらえる、と単に甘えているだけなのです。だから、かんしゃくを起こして手がつけられなくなったときには、いなくなってしまうことがポイントです。

そして、かんしゃくを起こしていないときに、どのような方法でお願いをしているか、どういう方法でお願いをさせるかということを教えることが大切です。面倒を見てほしかったり、おんぶをしてもらいたかったりと、いろいろなお願いがあるわけですが、これらがうまく充足されないと暴れ出すわけです。だから、かんしゃくを起こしていないときに、お願いの仕方や好みの形を探り、どうやったら要求が叶うのかという学習のレパートリーを増やしていくことがポイントになりますね。

奥田式 タイムアウトを使ってみます

私の経験では、他人を思わずムカッとしたときに叩いたり、噛み付いたり、襲いかかる癖を2～4歳くらいまでの間に治しておくと、その後の育ちの支援は容易になります。しかし、4歳の頃にまだ他人への攻撃行動が頻発すると周囲も本人も大変で、それを放ったらかして8歳を過ぎてなお続くようならば相当な治療が必要となるほど予後が悪くなります。ですから、基本的には4歳までを一つの目安にして、完全に治してしまうことにしています。

これから私が紹介する方法は、比較的厳しいやり方です。親御さんにきちんと説明をして同意を得た上で、私がやってみせることもあるのですが、**タイムアウト**という方法があります。海外の研究で、親や大学院生が専門家の監督なしに、教科書を読んだ程度の知識でこのタイムアウトを用いたり、経験不足のセラピストがこの方法を使うと失敗するというデータがあります。行動療法の専門家の監督なしにタイムアウトを使うことはやめておきましょう。

具体的には、子どもが叩いたり手や足を出したりした瞬間に、クローゼットなどに入れて外からしばらく様子を見ます。だいたい3〜5分くらいは出られないようにします。

当然、タイムアウト先の場所は、子どもが十分に嫌がるところでないと意味がありませんので、フカフカの布団があって楽しいような場所ではダメです。タイムアウトすると大泣きするほどに嫌な場所であれば効果的です。子どもを引きずってでも中に入れ、出てこられないようにします。そして、時間がたったら出してあげましょう。出してあげたときに、報復的にまたお母さんを叩いたら、再度5分、入れます。その繰り返しですね。

玄関から追い出すこと2回だけ、そのたった1日で治ってしまった子どももたくさんいます。「そんなふうにやっていいんですか?」とお母さんから質問されますが、「僕が見ていますからやってください、手伝いますよ」と言ってやってもらいます。「将来、トラウマとかになりませんか?」という質問もありますが、やってはいけない行動の直後だけにタイムアウトという法則さえ守れば、そんな問題は起こりません。

タイムアウトは、躊躇《ちゅうちょ》したらダメです。「(どんな弱い力でも)他人を叩いたらタイムアウト」の繰り返しになりますが、これを中途半端にやると逆に失敗してしまいます。

また、「ご飯をきれいに食べなかったからタイムアウト」というような応用の仕方は、親御さんのルール違反です。そういうルール違反をすると、子どもはおかしくなってしまいます。あくまで、攻撃行動にのみ限定的に使うことでなければなりません。

この方法は、タイムアウトされたくない場所があれば、どんな子どもでも必ずよくなる方法です。ジワジワよくなるのではなくて、劇的によくなります。例えば1日120回くらいお母さんを叩いていた子が、数日後には1日1回あるか無いか程度になるほどです。以降、暴力ゼロになった子もたくさんいます。しかし、少しでも違ったやり方をしたりタイミングが遅かったりすると、悪いパターンになってしまう方法でもありますので、勝手には行なわないで、行動療法の専門家に相談してください。

Q42 Question

きょうだいに対する暴力をなんとかしたいのですが……

わがまま過ぎる4歳10か月の娘。物を投げる癖があります。特に、下の子どもの世話をしていると、とても機嫌が悪くなってしまって、母親を困らせることばかりします。その都度、叱ってみたりなだめてみたりするのですが、なかなか改善しません。

A Answer

奥田式

かかわるタイミングを見直しましょう

例えば、親の注意をひくために物を投げるケースを考えてみましょう。よくあるのは妹、弟ができたというパターンですよね。その子どもにとって、下のきょうだいができるというのは初めての経験です。今まで100%親から相手をしてもらえていたのに、赤ちゃんにお母さんを取られてしまうわけです。生まれる前は「お姉ちゃん（お兄ちゃん）になるのよー」と期待を膨らませていますが、お母さんが赤ちゃんの世話に追われ、自分の相手してくれない、一人で遊ばなきゃいけないという状況になると、困ったことをはじめる子は多いのです。

このようなときは、かかわりのタイミングがポイントになります。例えば、赤ちゃんを世話しているとき、一人でお姉ちゃんはおとなしく遊んでいるとします。そのまま赤ちゃんが寝静まり、お姉ちゃんを見てみるとまだ静かに遊んでいます。こんなとき、多くの忙しいお母さんは、ここぞとばかりに台所仕事をはじめてしまうものです。

でも、このときお姉ちゃんは一人で静かに遊んでいたとしても、やっぱりお母さんに構ってもらえないのは寂しい訳です。たまたま何か大きな音をたててしまったときに、「お姉ちゃん何やってるのよ？　赤ちゃん起きちゃうよ」とお母さんが叱るようではいけません。

忙しい時間帯のお母さんは、赤ちゃんが泣き出したら世話をして、赤ちゃんが眠りについたら家事をやってという繰り返しなんですね。だから、大体のことが一人でできるようになったお姉ちゃんは、どうしてもほったらかしになってしまいがちです。

こんな状況が続くと、お姉ちゃんはお母さんを困らせるようなことをしてでも、相手をしてもらおうとします。自分で靴をはけていた子が、「はけない、はけないよ！」と言い出したりします（この場合、本当は靴をはけるのだから、黙ってサッとはかせましょう。叱責する必要はまったくありません）。

このように、いわゆる『赤ちゃん返り』をしてしまった場合は、「お母さんのかかわり方、相手をするタイミングを見直してください」というアドバイスをしています。

例えば、赤ちゃんが寝静まり、家事ができるチャンスのときこそ、静かに遊んでいるお姉ちゃんのところへ行って、「お絵かきしているの？　上手に描けたねえ！　これは？」とちょっと会話をしてみるのです。よい子にしているお姉ちゃんを満足させた後、家事をはじめてみましょう。こうやって、かかわるタイミングやかかわり方を徹底的に見直してみると、少しずつ事態が良くなってきます。

小林式
役割を与えましょう

このような場合は、物を投げることの作用、意味が問題になります。それが、親の注意をひくためなのか、それとも欲求不満の解消のためにやっているのか、「ダメ」と禁止されたときにやったのかによって、対応が違ってきますね。

弟なり妹なりが生まれたときに、上のきょうだいは少なからず衝撃を受けます。ライバル出現というわけです。

奥田式にもありましたが、親が「かわいいね」「お姉ちゃん、赤ちゃんくるとうれしいね」というふうに接しながら、その子どもに役割をもたせることが鍵となります。年齢によって、役割りの内容が異なりますが、母親を奪い取るのではなくて、母親の助手をしてもらえるよう働きかけます。オムツを取り替えるお手伝いをしてもらうとか、赤ちゃんの様子を見ていてもらうとか、お母さんと一緒にチームを組んで赤ちゃんの面倒を見るというふうにするといいでしょう。

赤ちゃんができると、お兄ちゃん、お姉ちゃんは赤ちゃん返りするのが通常です。5歳くらい離れていても、赤ちゃんと同じように扱ってもらいたい気分になるんです。だから大きくなっていても、抱っこをしてあげたり、おみやげやプレゼントを買ってくるときにも同じものを選んであげるようにするといいでしょう。

Q43 Question

動物への乱暴に対する指導方法を教えてください。

12歳の息子です。知的障害のある自閉症と診断されており、小学校のときから特別支援学校に通っています。うちの子で困っているのは、飼い犬に乱暴をすることです。先日も、うちの犬を抱え上げて床に落としてしまって、けがをさせました。どうすればよいでしょうか？

A Answer

小林式

ごほうびを使いましょう（書字可能なケース）

まず一番大事なことは、「この行動がいけない」「かわいそうなことをしちゃいけない」「犬がかわいそう」という善悪を、きちんと学習しなければならないということです。

以前、動物をいじめる中学生がいました。この中学生は字が書けたので、「犬を投げたり叩いたりしない」という約束のもと、ノートにきちんとそのことを書いてもらいました。そしてお母さんには、1週間の間に、何回、犬をかわいがって散歩に連れていったかなど、いくつかの記録項目を作りました。

お母さんは記録をつけた結果によって子どもにごほうびとして缶ジュースを与えることにしました(この子どもは、缶ジュースを飲むのに大変こだわりのある子でした)。もちろん結果によっては、缶ジュースはもらえません。このようなごほうびのことを**トークンエコノミー**（スタンプを集めてお店で何か特典と交換してもらえるようなもの）と呼びます。

約束したことを、守ったか守らないかという言行一致訓練というのがあります。これは、自閉症に必要な訓練です。お母さんの声色使って「やっちゃいけませんよ」と言いながら、やってしまう人がいます。これは、言行不一致の典型的なものです。言行一致訓練の原理は、きちんと守った場合にはごほうびがくるし、守らない場合にはごほうびがなくなることです。これには短時間（1時間）の間、約束が守れたかどうかもありますが、「1週間に1度、シールを集めてジュースを飲もう！」という感じで言行一致訓練でもあり、またトークンエコノミー訓練にもなります。

記録をつけた結果によって、彼の好みのごほうびにはランクをつけます。2本ジュース、1本ジュース、ジュースなし。記録というか、スタンプシートのようなもので、それを「あと1個、あと2個でたまる！」と視覚的に理解できるという方法です。

犬を地面に落っことしたときは、「ジュースなし」とします。子どもにはジュースを飲ませず、子どもの前で、お母さんと治療者である私とでジュースを飲みます。これを**レスポンスコスト**（罰金制度）といい、言うことを守らないものからは罰金を課すことです。

私の場合は、スタンプ式の記録によるトークンエコノミー法とレスポンスコスト法を同時に行なうやり方をよく用います。約束を守ればスタンプはたまるけど約束違反したときは、スタンプははがされるというやり方です。

奥田式

叩いたら「やり直し地点」に戻しましょう（発語がないケース）

ことばが使えない重度の障害のある12歳の子どもに実施した方法を紹介しましょう。このお子さんの場合は、ことばの理解が制限されているわけですから、こちらが言っていることが分かっているかどうかも不明ですし、繰り返し注意したところで動物へのいじめが何年も続いてしまっているわけです。学校の先生に、「写真を使えば良いかもしれませんよ」とアドバイスされたそうですが、アドバイス通りやってみても写真すら見てくれているのかどうか分かりません。

このような時はどうすればいいのでしょう。

この子どもの場合、お母さんとかお父さんに怒られたり、友達とうまくいかなかったりして、その八つ当たりで動物をいじめるという行為障害のようなケースとは別に考えなくてはなりません。

それはまた別の対処方法になります。このような子どもたちには、小林先生のアドバイスのやり方がいいかもしれませんが、重度の子どもの場合は、違った方法を取ります。

この子の場合、学校から帰ってきて、庭先から玄関に入るまでの通り道で、鎖でつながれた飼い犬を蹴ってしまうパターンがありました。この行動は、こだわりの一つで、壁をポンポンと叩くのと同じように、犬を叩いたり蹴ったり投げたりしてしまっているということです。犬が憎いからとか、むしゃくしゃしていたから、というケースとはまったく違います。

私がこの重度のお子さんに実行した方法はこんな感じです。

子どもが家に帰ってきました。玄関に入るまでの途中に、犬を叩いたり、蹴ったり、投げたりしたら、その子どもをある地点まで連れ戻します。叩いたりしたら毅然とした叱り方で「叩いたら駄目よ！」と注意しますが、そこから20メートルくらい連れ戻してみます。雨が降っていても、お母さんが面倒と思っても、連れ戻します。本当はお母さんも子どもも、学校から帰ってきて家に着いたらさっさとゆっくりしたいし、お菓子も食べたいし、トイレにだって行きたいのです。みんな早く家に入りたいわけです。でも、家に入る途中で犬を叩いたら、その場ですぐに叱って「明日から気をつけなさいよ」と注意しただけでは何の効果もありません。注意するだけではなくて、「ダメよ、叩いたら」ということをきちんと叱った上で、「やり直し！」と言って、ある地点まで戻ります。ここが大事です。そして、そこからもう一度、今度はお母さんが気をつけながら子どもと一緒に歩きます。子どもがまた犬を叩かないように、今度は未然に叩く行動を阻止します。家の外から犬の前を通って（犬を叩いたりせずに）玄関に入るという、正しい行動の流れを練習するのです。こういう練習の組み立てを、**行動連鎖**と言います。翌日以降も、子どもがまたやったら、その都度、やり直し地点に戻します。叩いたり殴ったりしたときに、注意しただけで解決するのであれば、誰も苦労しません。結局、この子どもは、犬が嫌いで叩くというわけではなくて、犬を叩くことが癖やこだわりみたいになっていたのです。

子どもは、犬を叩くたびにあと一歩というところで家に入れなくなるのです。やり直し地点に戻す際に、子どもによっては「家に入りたい」と怒るでしょう。しかしお母さんは、子どもの言動に負けず、必ずやり直しさせてください。

子どもが犬に乱暴せずに素通りできたら、すぐに家の中に入れるし、お菓子も食べられるし、トイレも行けるし、ホッとできる。しかし、犬を叩いてしまった時点でこれらがおあずけになるわけです。「すぐに家に入れる」ということは**好子**《こうし》（行動を強化する刺激や出来事）になるのです。犬が嫌いで叩いているのではなくて、癖やこだわりになっている場合でしたら、奥田式のこんなやり方をお勧めしています。

Q44 Question

肥満になって不活発になりましたが、何か気をつけることがあれば教えてください。

来年小学校に進む予定の男の子です。2～3歳の頃には多動で困っていました。それでも、ことばの訓練の成果のためか着席するようにはなりました。ところが、逆に動きがひどく不活発となってしまい、食欲旺盛で肥満化してしまいました。どうしたらよいのでしょう。

A nswer

小林式

ごほうびの与え過ぎには注意しましょう

このお子さんは、私が実際に見ました。多動で発語もほとんどなかったこのお子さんは、私の所に来る前に古典的な訓練を受けてきていました。どのような訓練かというと、ロバースという先生が考案した本来の行動療法的な言語訓練です。手をひざにおいてきちんと着席した状態で行なう訓練で、最もオーソドックスなアプローチになります。こうした訓練を受けた結果、彼はきちんと座れるようになったのですが、おとなしくなりすぎてしまったのです。活動水準が言語訓練以外のときにも動きが乏しくなってしまいました。

このときの訓練で、彼はごほうびに麦チョコをもらっていたようで、それがきっかけかどうかは分かりませんが、チョコレートマニアになってしまいました。今ではチョコレート味のクッキーなどにも関心を示すようになり、好みのおやつの対象も拡がり、とにかくよく食べるようになりました。加えて食事も以前より食べるようになったので、プクプクと太って余計に動かなくなってしまったのですね。

彼の両親をはじめ家族は、独り言的なものやエコラリアは出るけれども、コミュニケーションが取れている気がしないと感じていたそうです。ただ唯一チョコレート味のクッキーをあげたときだけは、その子がニコッと喜んでいたようです。このような反応をされると、家族はコミュニケーションを取りたいために、とにかくお菓子を渡してしまうようになりました。

私が彼に出会ったのはキャンプのときでした。「どうにかならないでしょうか?」とお母さんに相談を受けました。しかし、キャンプの途中で見舞いに来た両親は、裏山に彼を連れて行って、そこでまたクッキーやチョコをあげていたのです。当然、彼はニコッと喜ぶのですが、これはやってはいけないことなのですね。

相変わらず彼の発語は独り言のようなものとエコラリアだけで、家族もコミュニケーションが取れないと感じるような状態が続いていました。

そこで私は、コミュニケーションを取ったり、生きたことばを発するようにするためにどうしたかというと、まずはお菓子を遮断しました。そして、食べ物が出てくるときに、クレーン行動、指差し、チョーダイ動作といった要求行動をつくるようにしたり、「ママ」といった呼びかけ、「チョーダイ」「アリガト」などのコミュニケーションに使えることばの学習をさせて、家族との接点をつくるようにしました。

体型については、少し体重が落ちれば、もともと多動だった部分がよみがえり、活動水準がまた上がるのではないかと思いました。そこで少しきついやり方でしたが、ちょっとした丘を少し強引に引きずってでも昇ったり降りたりとさせてみました。

勉強についても、普通は着席しておとなしくしてやるものですが、彼の場合は多動になってもいいからと思いきって揺さぶったりしながら、とにかく着席にこだわらない教育、治療というものを続けました。

結果的に体重は少し減りましたが、一度太ってしまうと、そう簡単には痩せられないもので昔の多動だった頃の体型には戻っていませんが、このような場合は、チョコやクッキーだけがコミュニケーションの手段という状態をどう脱却させるかがポイントとなるでしょう。

奥田式

エクササイズビデオを独自に作りましょう

もう少し年齢の高いお子さんだったのですが、私も何人か見たことがあります。

すでにかなり太ってしまっていたので、残念ながらその体質自体を改善して、痩せさせるということを目標に設定するのは難しいと判断しました。ただ、これ以上太っていくことはまずいということで、新たに導入したのが、**オーダーメイドのエクササイズ**です。

当時、その子は相談室に研修に来ていた女子大生のことを気に入っていたので、この学生さんに出演してもらって、その子の好きなアニメの曲をバックミュージックにして、私たち独自のエクササイズのビデオを作成しました。軍隊式エクササイズＤＶＤが流行るよりもずっと前にやっていたんですよ。

出演した学生さんが、「さぁ○○君、エクササイズ始めるよー!! はい腕あげてー。１、２、１、２」などとその子に語りかけながら、５、６分程度の運動動作を収録したのです。

最初は、この男の子がプレイルームに来たときに、このビデオを流して私と一緒に「こんなふうにやるよー！」と言いながら練習するようにしました。その後は、「このエクササイズを自宅で毎日やって、最後までできたらシールを貼ってね」と、家にエクササイズビデオとシール帳を持って帰ってもらいました。

家ではとにかくうれしそうに毎日やっていたそうです。既存の製品と違ってオーダーメイドですから、大好きなお姉さんが登場してくれて、なおかつ自分の名前を呼んでもらえるわけですから、この男の子もうれしかったのでしょうね。さらに、エクササイズをする度に**トークン**もたまっていくわけですから、積極的にやってくれるようになり、エクササイズが習慣になりました。

自宅ではお父さんが一緒にやってくれることもあったようです。放っておいても、このようなエクササイズを自分からやってくれるようになればいいのですが、なかなか発達障害のあるお子さんが自発的に自分の身体を鍛えようとはしないものなのです。ですから、こちらからそのきっかけを作ってあげるしかありません。あるお父さんは、父子でお遍路さんに出掛けるのを楽しんでいるようです。これも**お遍路エクササイズ**として効き目があるでしょうね。しかも、お札か何かがたまるのですから、コレクター的な趣味のあるお子さんにはうれしいものでしょう。

親御さんと同じような食生活をし、飲食が比較的自由に許されている子どもの場合、摂取カロリーと消費カロリーが合わなくなって肥満になる可能性は当然高くなります。そこでエクササイズの他に、身体に負荷を掛けるような運動やアウトドア系の余暇活動を日常生活の中に入れていくようにしました。余暇活動としては、ゲームとかマンガを読むとかのインドア系ばかりだったので、「外へ出てハイキング。たくさん歩きましょう」とか「プールに通いましょう」というような提案をしました。

綺麗にやせていくためには、さらに別のこともしなければいけないのでしょうが、まだ低学年のお子さんの肥満傾向を、これ以上高めないようにするのであれば、こうした方法で目的は十分に達成できます。

Q45 Question

指しゃぶりがまだ続いています。

自閉症と診断を受けた男の子で、現在は小学１年生です。小学校に入学してもまだ、左手の人差し指と中指を年がら年中、暇さえあればしゃぶっています。２本の指先は皮膚がブヨブヨして半分むけてしまった状態です。どうしたらやめられるのでしょうか？

Answer

奥田式

叱ってはいけません

指しゃぶりをやめさせるために、親御さんは様々な方法を試しているようですね。指にわさびとか刺激物を塗るという方もいましたし、手を叩いたり叱ったりしてやめさせようとする親御さんもいました。

でも結局は、無理に止めさせようとすると余計に子どもがやりたがることもあるし、止めるようになったとしても別の困った自己刺激行動が増えることもあります。そこで、今やってしまっている指しゃぶりをやめさせようという事後対応の発想ではなくて、やらなくて済む先回りの発想が大切になります。具体的な手立てを考えてみましょう。

例えば、まだこの子が指を口に入れていない段階で、指を口の中に入れそうな状況のときに、濡れたおしぼりを持たせてみるとどうなるでしょう。おしぼりを渡すだけでは捨ててしまうかもしれませんが、そこでおしぼりを持たせたまま子どもさんの手をギュッギュッと刺激してみます。できるだけ、その刺激が楽しいものにするのがポイントです。いろいろ工夫してみてください。冷たいおしぼりが良いかもしれませんし、やけどはしない程度の蒸しタオルくらいが良いかもしれません。あるいは、渇いたサラサラの生地が好みかもしれません。

こうやって遊んでいる最中は、子どもの両手は大人がコントロールしているわけですので、自分の口の中に指を入れる暇はありません（暇を無くすほど、のべつまくなしかかわります）。最初、大人のコントロールがかなり必要でしょうが、子どものほうから「タオルでモミモミして」という感じで、両手を大人のほうに差し出してくれば、かなりの改善といえます。だって、今までは自分の手は自分の口の中にという動きばかりだったのですからね。リコーダーを持たせてみたら、リコーダーをかじるようになって、指をしゃぶらなくなったという子どももいました。タオルを与えてみたら、タオルをかじるようになって、指先のブヨブヨが治った子もいました。

難しいのは、お子さんによって好みが違うため、それを見つけ出して子どもに合わせるところでしょう。ベストな手立てなど一度では見つからないものですから、親御さんには「たくさん試してみてください」とお伝えしてします。

いろいろ試行錯誤的にかかわることで、そのかかわりから大人との遊びが意図せず発展する場合もあるのです。

結局は、事後対応で叱ってばかりにならないことが大原則となります。叱ってやめさせようという発想だけですと、行動を止めたり抑えたりするしかなくなってしまいます。子どもがしゃぶっている指を口から無理矢理離したとしても、また口の中に入っていくだけで同じことの繰り返しになってしまうのです。また、暇にさせないために道具を使った遊びを試すという先回りの発想も忘れないで下さい。このことからも、どれだけ子どもにとって遊びが大事かということが分かります。

小林式 まずは手に刺激を与えてみましょう

指がブヨブヨになってしてしまうのは、唾液分泌、つまり口の中の刺激が関係してきます。子どもの行動というのは、このような原因を通して自己刺激的な行動をとるのです。

質問にもあるように、暇さえあれば指しゃぶりをしているというのは、言い換えれば暇がなければやらないということになります。この場合、口と手が暇になっているのでしょうね。だから、暇をなくしてあげればいいことになります。つまり、日常で手を使うような活動を増やしていけばいいのです。

例えば、外出するときにただ手をつなぐのではなくて、ギュッギュッギュと、子どもの指先に刺激を与えるようにして手をつないでみてください。訓練室やプレイルームであれば、手をつないで走ったり、積極的に刺激を与えていくといいでしょう。

また、このようなお子さんの場合は、唾液を口の中でグジュグジュためていることが多いのです。だから、食事療法的な方法や食事の習慣も考えてみることです。固いものをしっかり咀嚼《そしゃく》して食べられるようになると、日常的にもグジュグジュしている唾液をのみこむこと（嚥下《えんげ》）ができるようになり、口の中の状況が変わっていきますよ。唾液があふれてくると、そのやり場に困ることにもなるので、嚥下がスムーズにできるような訓練をしておくといいでしょう。

結局、この問題に対するポイントは二つです。一つは、指先と口の中の刺激をどう代替するかということ。もう一つは、指をしゃぶる行動が感覚刺激になっていて不安や緊張感などを和らげたり、暇をつぶす効果をもっているということです。だから、手をつないだり、手を使う様々な活動を取り入れて、忙しくそして楽しい時間を増やすようにしてみてください。

さらに、口の中に唾液をため込んでしまうといった、嚥下能力の低さや唾液の分泌量が背景にあることも多いので、嚥下や咀嚼能力をきたえる訓練が役にたつ場合もあります（Q５参照）。

Q46 Question

性的な関心が強いようで心配です。

小学校１年生になる６歳の自閉症男児で、自分の性器をいじることも多く、性的な関心が今から強いようで心配です。ボランティアのお姉さんや、女性の保育士の胸やお尻も触ります。母親の私にも同じようなことをしようとするのですが、小学校に入ってからは止めさせています。どうしたらよいのでしょうか？

Answer

小林式

一度冷静に記録をとってみましょう

まず言えることは、性的な関心が強いから将来的に性的な犯罪に結びつくのではないかと考える人がいますが、それは思い過ごしといってもいいでしょう。

とにかく最初は、「触られようと何されようと、しっかりと抱っこしたりして積極的に自分の方からかかわりましょう」とお母さんにアドバイスしています。身体に対する関心というのは、触った感じが場所によって異質な感じがするので、大人がやめさせようとしても変にこだわってしまう場合があります。

ただ、自分の身体に対する関心というのは、あって然るべきものなんです。だからいろいろな活動を通して、自分の身体の様々な部分に関心をもたせ、おちんちんもそのうちの一部だというふうにすれば構わないのですよ。

性的な関心に大人がこだわって、それを何とかしようと思って注意を向けすぎている状況が、逆に子ども追い込んでいることになります。男の子なら、ボランティアや保育士の女性に対してみんな関心があるものですよ。

「またやるんじゃないか」「またやられるんじゃないか」と大人が意識していると、子どもの行動はよく目立ってしまうもので、年中やられているような気がしてしまうものです。

例えば、きちんと記録を取ってみると、思っていたほど頻度が高くないことがあります。だから気になるようでしたら、ボランティア活動をしているときに、「何回どこを触ったか」を誰かに観察してもらい記録を取ってみてください。気にしている間は、年中やられているような気がしますが、記録を取ってみたら1時間に1度くらいだった、そんなことがよくありますし、この程度なら許せる気がするようにも感じますがいかがでしょうか？

大人が気にしすぎてしまうことが実は一番よくないことです。結局このような問題の場合は、「胸とかを触ってくるのは性的な問題だ」と、周りがいつもと違う反応をしてしまうので、子どもからみたら他の所を触るよりも面白くなってしまうわけです。

奥田式

親が望まない遊びでも思いっきり遊ばせてあげましょう

第二次性徴を迎えれば、発達障害の男の子だって、女の子を好きになることはごく自然なことです。生理的な成長というのはあって当前なわけです。この時期の男の子本人に、次のようなことを聞いたことがあります。知的な遅れはありませんが、性器を床に押し付けて腰をふって、ボーッとしている子どもでした。「テレビゲームで遊ぶのと、おちんちんフリフリしているのと、どっちがいい？」と尋ねてみました。そうしたら当然のように「テレビゲームがしたい！」と答えたので、「じゃあ、ゲームやろう！」と誘導したわけです。私はこの子に「おちんちんフリフリをやめなさい！」とは一言も言いませんでした。

このような子どもの回答の裏側には、実はお母さんがテレビゲームばかりやらせたくないという考えがあり、ゲーム機本体やソフトを隠してしまっていることがよくあります。その結果、何もすることがなかったり、ボーッとしている時間帯ができてしまって、子どもの性器いじりが増えてしまうのです。性的な問題と考えるよりも、他の問題に焦点を当てていくわけです。

私は、「子どもはエネルギーの塊なのでたくさん遊ばせてください」という話をよくしています。その遊びが親の気に入らない遊びだったとしても、やらせてあげましょう、と。テレビゲームは、そればっかりやってしまう子どもが多いため、学習に支障が出るかもしれないと心配する親御さんにはあまり人気がありません。でも、6歳くらいの子どもはエネルギーの塊です。大好きなテレビゲームを普段から制限してきた場合、「ママを触るのと、ゲームで遊ぶの、どっちがいい？」と聞いたら、「ゲームで遊びたい、僕もっとゲームしたい！」と言うはずです。だから、思いっきりゲームで遊ばせてあげてください。できれば、ママを触るよりも前に、何かに熱中できる遊びを普段から与えておくようにしましょう。

それから、「少しずつ、肌の触れ合い、触れさせ方には気をつけていこう」という話もしています。以前、小学校にあがった頃からベタベタと人に抱きついたりする子どもがいました。低学年の頃は特に問題なかったのですが、5年生の頃に、クラスメイトの女の子をいきなり触って、変態扱いされてしまった子がいました。

だから、子どもが1年生くらいになって、話が分かるようになっているのであれば「1年生になったら、お母さんにこういうふうにくっつくのはやめようね」とか「誕生日がきて○歳になったらやめようね」という話をしてみるのです。まったく触れ合いを拒否するのではなくて、「ソファで一緒に横になって絵本読んであげるね」とか「膝の上に乗せて絵本を読んであげるね」などと言いながら、肌の密着面積をだんだん減らしていく感じです。こうしたやりとりの中で、性器や胸などを触ることも段階的に拒否していくという方法がいいと思います。完全拒否ではなく年齢とともに段階的に、ちょっとずつ面積が減っていくようにしてあげてくださいね。

Q47 Question

つば吐きの癖をどうにかできないものでしょうか？

小学4年生の男児です。幼児期に「知的障害のある自閉症」と診断されています。特別支援学校の小学部に入る前から、つばをはく癖がありました。叱ってみても、視覚的に「×印」を見せつつダメということを伝えてみても、かなりひどい習慣になっているようで、まったく効き目がありません。

Answer

奥田式 タオルを持たせてふかせましょう

つばをはいたときに叱っても、つばをはく癖は治りません。ある先生は、視覚的な支援が大事だということで、つばをはくたびに子どもの目の前で、大きく両手でバッテンをして見せるか「つばをはかない」というカードを見せることを、無発語の子どもに試し続けたそうですが、4年も5年もつばをはくのが治らず、私のところに相談に連れてこられました。

指導前、子どもがつばをはく回数を測定してみると、1分間で40回くらい、ペッペッペッペッと、マシンガンのようでした。とにかくものすごい回数です。ほとんどはいているという状態です。もちろん、まったく何もしない時間帯もあるのですが、一度つばをはき始めるとこんな調子です。家や学校でも、何もやることがないときに多いようでした。

叱ってもダメ、おおきくバッテンを見せてもダメでしたので、私はこういうふうにしてみました。特に叱らず、そのかわりにタオルを持たせて、つばをはいた瞬間に「はい、ふくよ～！」と言って、タオルを持たせながらつばを吐いたところをめがけて、「3、2、1、ゼロ～！　はい、おしまい～！」と私が身体誘導で手伝いながら、子どもにふかせます。大人の手を子どもの手の上に添えて、プロンプトしながらふいてあげるのです。そして、徐々にプロンプトを減らしても自分でふけるようにしていきます。また、つばをはいてしまったら、そのつばで濡れた場所をふかせます。大人がガラスをふくときに、ハーッと息を吹きかけてキュキュキュキュと拭くのに似ています。これを私が実演し、家でも実行してもらいました。1か月後にその親子が来たとき、「まだはきますか？」と聞いたら、はくことがかなり減ったというのです。まだつばをはくこともあるのですが、はき方が変わったというのです。

どんなふうに変わったかというと、その子の場合はタオルを持たせているのですが、このタオルめがけてペッペッペッとはき、そしてふく……。床やテーブルにはくのではなく、タオルにはくようになったというのです。床にはいたり、窓にはいたりすることは激減したということです。まるで、「つばをはくならタオルに」というルールを勝手に覚えたような感じです。板に付いた感じです。フキフキついでに、お母さんに「霧吹きで窓や車をふくのを教えてあげたらどうですか」とアドバイスしてみました。霧吹き持たせて、車にプシュッとして、そして車をフキフキと……。車全体を綺麗にしようと思ってやっているようではないのですが、プシュッ、フキフキと喜んでやるようになったそうです。私たちの場合は汚れを全部落とそうと思って、洗車するわけですが、その子は遊びとなっているのです。その後つばはきは、ついにまったくみられなくなりました。

小林式
嚥下《えんげ》能力を高めれば唾液はたまってきません

つばはき癖というのは、きっかけはいろいろあると思うのですが、よくはく子というのは唾液のスペアがないとダメなのです。口の中に唾液が残っていなければなりません。結局、食事の能力と同じで、飲み込みが悪いのです。唾液の飲み込みが悪いと口の中にたまってしまうから、何かの拍子にピュッと出やすくなってしまうのです。特に教室の中でこのようなことが起こったら、周りの人が「ギャーッ」と騒いだり、「キタネーナ」と大声をあげたり、教室中大騒ぎになりますよね。先生も怒ります。しかし本人にとっては、このような周りの騒ぎは「こんなに面白いことはない」と感じてつばをはくことが癖になってしまいます。

だから、根本的には**アメ横スルメ法**（Q5参照）などで嚥下能力を高めることになります。このような子どもは、まだ感覚遊びの段階なのです。だから、口の中の訓練によって、唾液の咀嚼《そしゃく》、嚥下の改善を目指します。もちろん食事指導もする必要があります。嚥下能力を高めれば、唾液はたまってこないのです。

もう一つは、奥田式のもっとオーバーにした作業を取り入れます。ちょっとだけ唾をはいただけでも、そのはいたところだけではなく、部屋の隅々までピカピカに磨くまで許さないことにします。自分が汚したわけではないのに、そこまで磨かなくてはいけないのですから、これは罰の作業となります。

以前、中学1年生の子のつばはきの相談を受けたことがあります。現在この子は成人して、マンション掃除会社に勤務し、台所とトイレをきれいに掃除する名人となっています。相談時に、このふき掃除の訓練をしました。洗面所や部屋の中のものを磨きあげるのにすっかり夢中になってしまい、暇さえあれば、つばをはいていないにもかかわらず、ふき掃除するのが癖となったのです。さらに教室外のトイレまでも磨き始めました。

その後、この子は養護学校の高等部を卒業後、マンション掃除会社に勤務し、現在30代後半のベテランマンション掃除人となって活躍しています。特にその方は、台所とトイレをきれいにする達人と社内でも評価されているようです。

Q48 Question

行動療法にもいろいろあるようですが……

ひどく多動で奇声を発しながら飛び回っている保育園の年長（5歳）クラスに在園している男の子です。4歳のとき相談機関で半年間（週1回）「遊戯療法」を続けましたが、まったく変化が見られず、知り合いのすすめで「行動療法」の先生を紹介されました。そこで「フリーオペラント法」でいきますと言われましたが、この方法で「多動」が治まるのでしょうか。

A Answer

小林式

フリーオペラント法は、原則的に多動の子どもに役立ちません

「フリーオペラント法で多動が治りました。しかし、ことばの発達がないので、何とかならないですか？」という相談を受けたことがあります。そこで、どのような方法だったのかを聞いてみたところ、このお子さんが受けていたのは、フリーオペラント法ではなく、実は**シェイピング**の技法と呼ばれるものでした。これは、着席時間を徐々に増やしたいときなどに、大人が押さえたり、場所を設定して邪魔をしたりして、子どもの着席時間が伸びてきたらごほうびをあげるという技法です。確かに行動療法の一種なのですが、フリーオペラント法とは違います。

残念ながら、**フリーオペラント法**は原則的には多動の子どもには役にたちません。多動の子どもの場合には、子どもの行動や気持ちをどういう形でコントロールして、やらせたい方向に向けていくかが大切となってきます。

例えば、着席の場合、「座席に近づいたらごほうびをあげる」「ちょっと座ったらごほうびをあげる」「**プロンプト**

で、目の前で大人が立ちはだかっている状態で、座っていられる時間が15秒になったら、ごほうびをあげる」といった方法がいいでしょう。

そして、座っているときに、多動の子どもが楽しめることは何かをあらかじめ見つけておいて、その活動に誘導していくことがポイントとなってきます。

定義的には、フリーオペラント法は**三項随伴（弁別刺激・当該行動・随伴刺激）**のようにこだわった枠組みで考えるものではありません。まずは自発行動がありきなので、先行する弁別刺激を最小限にしようというものです。行動療法の古典的なやり方とは違います。

例えば、「これは何色ですか?」と聞いたり、「ちゃんと座って」と指示をしたりするものだったので、先の刺激（弁別刺激）がたいへん強力だったのですね。このやり方では、子どもが着席して、反応できるようになっても、自発性が乏しくなってしまいます。そこでその反省からできたのがフリーオペラント法で、先行する刺激を最小限にしましょうというところが、そもそもの始まりだったのです。

アメリカでも、**インシデンタルティーチング**という技法がありますが、フリーオペラント法はこれに近いものです。

奥田式 フリーオペラント法とは、人を好きにさせるためのテクニックです

最近、**行動療法**とか**フリーオペラント法**ということばだけが一人歩きしている傾向がありますね。フリーオペラント法に関していえば、実際には行動療法家によっても様々なフリーオペラント法があります。それぞれの思いや技術が違うものですから、定式化しようとして失敗してしまったと言わざるを得ません。

まず、私はこの質問に違和感を覚えます。親御さんは「フリーオペラント法でいきます」と言われたようですが、どういう意味なのでしょうか。小林先生が先に解説されましたが、「小林先生がおっしゃるフリーオペラント法とはいったいどんなことなの?」という印象を受ける読者もおられるでしょう。確実に言えることは、フリーオペラント法は多動を治めるためだけにあるものではないということです。それから、フリーオペラント法で多動を治せる、治せないと断言することはできないと思います。

では、フリーオペラント法とは何なのでしょうか。フリーオペラント法が子どもをただ遊ばせておくだけのアプローチと解釈されるのは誤解です。

フリーオペラント法は技法の一つです。どんな技術かというと、一言で言えば、「人を好きにさせるためのテクニック」といえます。とりあえず人を好きにさせてしまえば、子どもは先生や大人のそばに寄ってくるでしょ。これだけでも、発達障害のある子ども、とりわけ自閉症の子どもたちへのアプローチとしては大成功、というか大前提といえます。

子どもが「人を好きになった後」の接し方は、セラピストの考えや興味、関心によって違ってきます。

例えば、勉強が遅れているから勉強をやらせてあげようという思いがある先生は、勉強を教えようとしますし、勉強よりも遊びを重視する先生もいます。

ですから、フリーオペラント法をやる私なんかが、子どもをイスに座らせて課題をやらせたときの話をすると、フリーオペラント法をちょっと勉強した他の先生から、「それはフリーオペラントじゃないのでは?」と言われたりすることもあります。イスに座って勉強している場面はフリーオペラント法ではないと思い込んでいるのでしょうね。

しかし、「いや、これは子どもが自分からドリルをもってきたんです。だから、私は子どもの持ってきたドリルに付き合っているんです」という状況だったのであれば、この勉強場面すらフリーオペラント法でやっているといえるのです。子どもがグローブやボールを持ってきたので、「おっ、じゃあ野球やろうか」というのもフリーオペラントです。

フリーオペラント法とは、子どもを遊ばせてばかりで終わるものではありませんし、勉強を教えるためにあるのかというとそれも違うと答えざるを得ません。繰り返しになりますが、フリーオペラント法は「人を好きにさせるための技術」というのが私の考えです。このように定義すれば、フリーオペラント法を専門にしていない行動療法家であろうと、子どもを喜ばせるテクニックをもつ遊戯療法家であろうと、子どもの自発性をうまく引き出せる人は、フリーオペラント法を使っているということになります。余談になりますが、私は自閉症の**「心の理論」**（**Q51**参照）の問題について、実はこのフリーオペラント法が目指す「人を好きになること」が重要だと考えています。

チョコレートやジュースのように、自分の好きな物がないと動かない子どもにするのではなくて、人の反応を楽しめる子どもにしたいという思いがあるのです。だからこそ、最初に子どもと対面したときは、楽しいやりとりから入るのが鉄則でもあると思うのです。やっぱり子どもは遊びが好きですからね。

だけど、この遊び方にもやはり技術がいるわけですよ。例えば、接近の仕方を見ても、「なんでわざわざ嫌悪的な接近の仕方をするのかな?」というケースもあります。**Q14**でも紹介していますが、小林先生の**バルーンの原理**など、子どもに接するときに嫌われないための職人技がいろいろあるのです。

ただ、フリーオペラント法の原理原則を教科書に書くことはできても、子どもとの適度な距離や接触の仕方については、実際に現場で学ぶしかありません。ちょっとした説明だけで理解しようとすることに無理があるので、親御さんの間で「フリーオペラント法がよかった」とか「効き目があった」「いや、無かった」という話になるのは仕方ないと思います。

でも、そのようなことはあまり関係なくて、目指しているところが何かということが重要なのです。人のことを好きになることと、人が**好子**《こうし》(強化刺激)として機能するような関係の構築を目指す技法として考えてもらえればいいと思います。

繰り返しになりますが、フリーオペラント法は多動を治めるための技法でもありませんし、勉強を教えるための技法でもありません。かといって、遊びだけで終わるものでもありません。自発的に子どもが勉強したいと言うのであれば、それもフリーオペラント法になるわけです。

Q49 Question

常同行動や自己刺激行動とはどんなものなのでしょうか？

自閉症の子どもが示す常同行動と自己刺激は、どのように違うのですか？ 「自己刺激」と「自傷行動」は同じでしょうか？ 「常同行動」とも言われたことがありますが、親としてどう理解すればよいのですか。またどうしたらよいのですか？

A Answer

小林式 自己刺激行動も自傷行動も常同行動といえます

お医者さんに「常同行動ですよ」「これは自己刺激行動ですよ」などと言われたところで、親御さんからしてみれば「『自己刺激行動』と言われてもひっかいて、血が出るので自傷行動じゃないの？」と感じることがあると思います。

理解の仕方としては、**自己刺激行動**も**自傷行動**も、**常同行動**といえます。自己刺激行動も自傷行動も同じパターンの反復ですから常同行動なのです。大きな動きもゆったりした動きも常同と言いますし、手を動かすような部分的な反復活動も常同行動と言います。つまり常同行動というのは同じ行動、活動を何度も繰り返すことです。だから、自己刺激行動も自傷行動も常同行動に入ると考えられます。

自己刺激行動は、原則的に同じ動作・行動、活動の反復です。活動の反復なので常同行動と同じですが、もう一つ条件があります。それは、行動の実行中は周りからの働きかけを部分的にカットする力があるのです。いわゆる、のめり込んだ状態ですね。だから周りからの働きかけを妨害する効果もあるのが自己刺激行動です。

自傷行動は、一部は自己刺激行動がエスカレートしたものです。例えば、頭を軽く叩いていれば自己刺激行動ですが、たんこぶができるほど叩いてしまったら自傷行動となります。

自傷行動は三つ（自己刺激、同情、自己確認）に分かれます。自己刺激が足りなくて、それがたんこぶや傷をつくるまでにエスカレートしてしまった状態（自己刺激）。けがしたり、たんこぶを作ったりして、周りの同情をひき、関心をひくことで維持されているもの（同情）。刺激がなくなってしまったときに、自分で自分の頭を叩いて「イテッ、あぁ、私は生きているんだな」というように、自ら刺激を与えて存在を確認するというもの（自己確認）ですね。

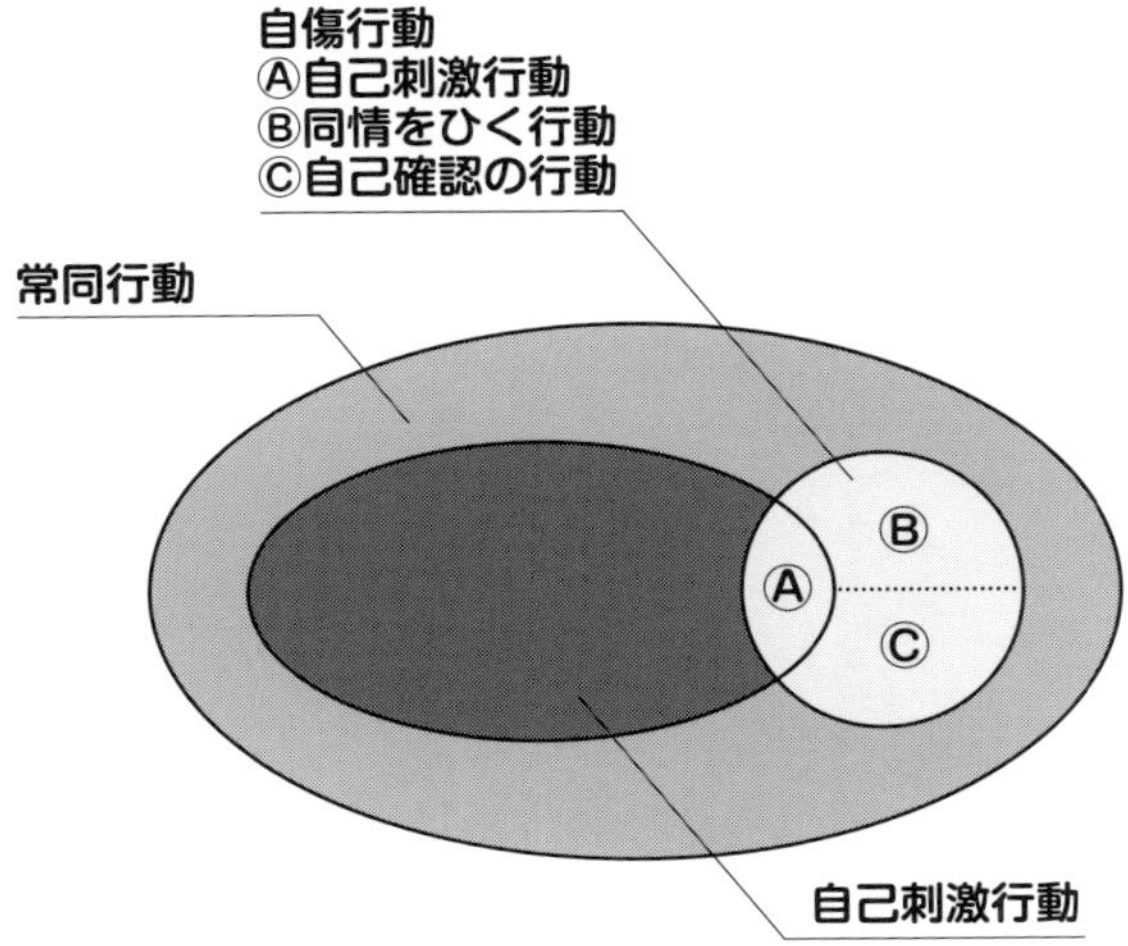

奥田式
機能分析の観点から考えてみましょう

用語だけでは分かりづらいので、行動分析的な考え方では、まず**機能分析**をします。機能分析の考え方から見ると、常同行動がコミュニケーションの機能をもっているのか、いないのかということが分かります。

機能について解説をしましょう。

まず、行動によって物や活動を要求するという「①要求の機能」があります。それから、ある種の行動をすることによって相手をしてもらったり、社会的な注目を得るための「②注目の機能」があります。さらにもう一つ、ある種の行動をすることによって、その場面から逃避したり回避したりするという「③逃避や回避の機能」があります。これら三つはコミュニケーションの機能といえるでしょう。

これに加えてもう一つ、「④感覚の機能」があります。これは、①~③までのコミュニケーションの機能とは違った、四つ目の機能になります。

そして、①~③のようなコミュニケーションの機能をもっているかどうかということに注目してみます。例えば、①~③の機能でしたら「○○をくれ」「注目してくれ」「今ここから出ていきたい」というようなメッセージが含まれていますね。外から見た行動としては自傷行動なのですが、これらはコミュニケーションとしての意味をもつのです。子どもにとっては、自傷行動をすれば周囲にいる大人が要求を満たしてくれたり、注目してくれたりするからです。

逆に、その行動がコミュニケーションの意味をもたないのであれば、四つ目の機能（感覚）が考えられます。この機能の特徴は、放っておいてもやっているということです。お母さんが、相手をしてもしなくても、お菓子やおもちゃがあろうがなかろうが、一人にしておいてもやるということなのです。感覚の機能による行動の場合、自傷行動と呼ばれるようなものだろうが、常同行動と呼ばれるようなものだろうが、自己刺激を自分で作り出して自己完結しているようなものだということです。

さて、具体的な対応をどうするかといったときに、「④感覚の機能」の場合はなかなか難しいですね。①~③の場合は、適切なコミュニケーションにおきかえていくことで指導していきますが、「④感覚の機能」の場合、例えば自閉症状が重度のお子さんや知的障害が重度のお子さんなどは、ただ身体を揺らしているだけとか、物を使わずに身体をこすっているだけとか、そういう状態の場合があります。それから、例えば、ペットボトルをカラカラと振っているとか、積み木を落とすとか、物を使っているお子さんがいるとします。このような行動は、親から見るとすべて、自己刺激行動、常同行動となるわけですが、物を扱っているか、いないかという観点で見てみると、物を使っている子どもの方が発達的には良い状態といえます。押せば倒れたり、ペットボトルで叩いたら音がしたりするなど、外界に働きかけているからです。

子どもがペットボトルなどで遊んでいたりすると、お母さんが「遊びが変なので」という理由で、取り上げたりする場合があります。しかし、せっかくの物を扱った活動を取り上げてしまうと、最後は自分の身体を扱うことしか残らないので、物を取り上げないほうがいいでしょう。自分の身体を扱う活動しか残らず、自分の目を触り続けて失明してしまうお子さんもいるのです。だから、物を使った遊びならば、それは発達的には外界に働きかけているのですから、危険な物でない限り、止めさせようとしないほうがよいと思います。子どもにとっては、それが遊びになっているのです。

だから、「④感覚の機能」のときに、本当に身体だけを動かしているようなものなのか、それとも見た目が変でも物遊びになっているものなのかの違いを見分けることが重要となります。

物を使った遊びなら発展していきますからね。芸術家だって、キャンバスに向かってペタペタと常同行動を繰返して作品を作っているのです。20歳を過ぎてからでも、何か物に対してアプローチしている人なら、発達的な可能性は高いのです。だから、お母さんとしては「ちゃんとしたおもちゃで遊んで欲しいのに、変な物にしか興味を示さない」という気持ちがあるとは思いますが、物を使った遊びについては、危険でなければよしとしてあげてください。

第6章　学校編

学習・学校の課題

Q50 Question

鉛筆の持ち方を教えてください。

うちの子どもは年長さんで、来年小学校だというのにまだ鉛筆をスプーンのわしづかみスタイルで持って書きます。他にもどちらかというと不器用なタイプなので、気になっています。力のコントロールがなかなかできないようで、なぞり書きをやらせようとしてもうまくいきません。鉛筆の持たせ方とか、気をつけなければならないポイントを教えてください。

Answer

奥田式
正しい方法で地道に練習するしかありません

鉛筆の持ち方まで「理解不足」などと言う人がいます。そういう考え方は間違いです。これは運動の問題と考えましょう。これは大事な視点ですよ。運動面の中でも、特に「書く」という動作が突然よくなることはありません。だから、まだ年齢が小さければ正しい方法で地道に練習していくことが重要です。

例えば、ことばの訓練では、指導法を変えて課題を工夫した途端にできるようになることがあります。しかし、運動面というのは、正しいやり方、正しい力の入れ方、抜き方、持ち方、持たせ方というのを工夫してやっていく必要があります。認知障害を治すというような発想をしてしまうと、運動面の問題ということに気づかないで終わってしまうこともあります。

鉛筆にしてもスプーンにしても物を持つ動きというのは結局、原始的な発達の流れに従っています。普通に物を持つときの手を順手といいます。逆手というのは、一つの知的な能力の発現といえるのです。四つ足で移動する動物は順手です。人間の赤ちゃんも、ハイハイしているときの手は順手です。そのまま、つかまり立ちをするようになれば、その握り方も順手です。道具を器用に使用するときに、逆手が必要になってきます。

順手

逆手

スプーンや鉛筆を持たせるポイントとしては、持ち方を逆手で持つように教えます。つまり、親指と人差し指の側から鉛筆の先が出るのではなく、小指側に鉛筆の先が出るようにジャンケンのグーの形で持たせるようにします。

そして、グーで握った鉛筆の先を徐々に外側に出していくようにしていきます。まずは小指と薬指をたたむ練習が必要になります。最後は親指を鉛筆の先に持ってくる練習です。小指と薬指だけを使わないと決めて、指3点（親指、人差し指、中指）の発達を促進しましょうというわけです。だから同じなぐり書きでも逆手で鉛筆を持たせるように促し、小指と薬指をしまって書くことを習慣化しましょう。

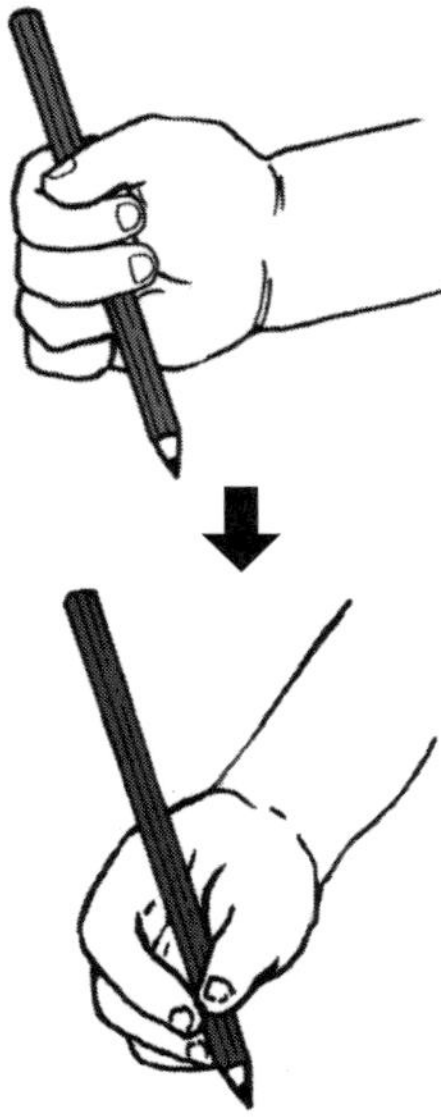

また練習時には、水性ペンがいいでしょう。ＨＢの鉛筆の場合は、かなり力を入れなければ線がはっきりしません。水性のサインペンならば、弱い筆圧でも線がしっかり出るからです。ＨＢの鉛筆ですと、力を入れて色濃くするために、わしづかみになる可能性があります。鉛筆なら、最初は６Ｂなどのやわらかい鉛筆が良いでしょう。筆圧がしっかりしてくれれば、少しずつ硬い鉛筆に変えていきます。

小林式
肩があがらないようにしましょう

このような子どもの場合、肩があがってしまっていることが多いです。

スプーンわしづかみスタイルですと、肩に力が入っているので、タッチが強くなります。力が入るし、濃いタッチが出るので、書いたという手応えを感じて書き進めてしまっているわけです。普通の鉛筆の持ち方ですと、指に力が入らないので、力は肩の方に行ってしまうので弱い線しか書くことができないのでしょう。

ここで登場するのが行動リラクゼーションです。

子どもの肩が緊張であがってしまっている場合は、優しく「頑張ろうね」と子どもの肩に触れてみましょう。あがらないようにしてしまうわけです。無理に押したら嫌がるので、首のあたりを軽く触る感じです。

また、お勉強が終った後で、肩があがらないようにする体操（慢性緊張を取り除く動作法）を行なってみましょう。

子どもを仰向けに寝かせ、力を抜かしておきます。腕を上げる補助をしながら、真っすぐになるまで腕を持っていって、止めてみます。そして「今度は顔の正面まで持っていきます」と腕を伸ばしたままで補助してあげていきます。この体操で力のコントロールの仕方を覚えさせていくのです。

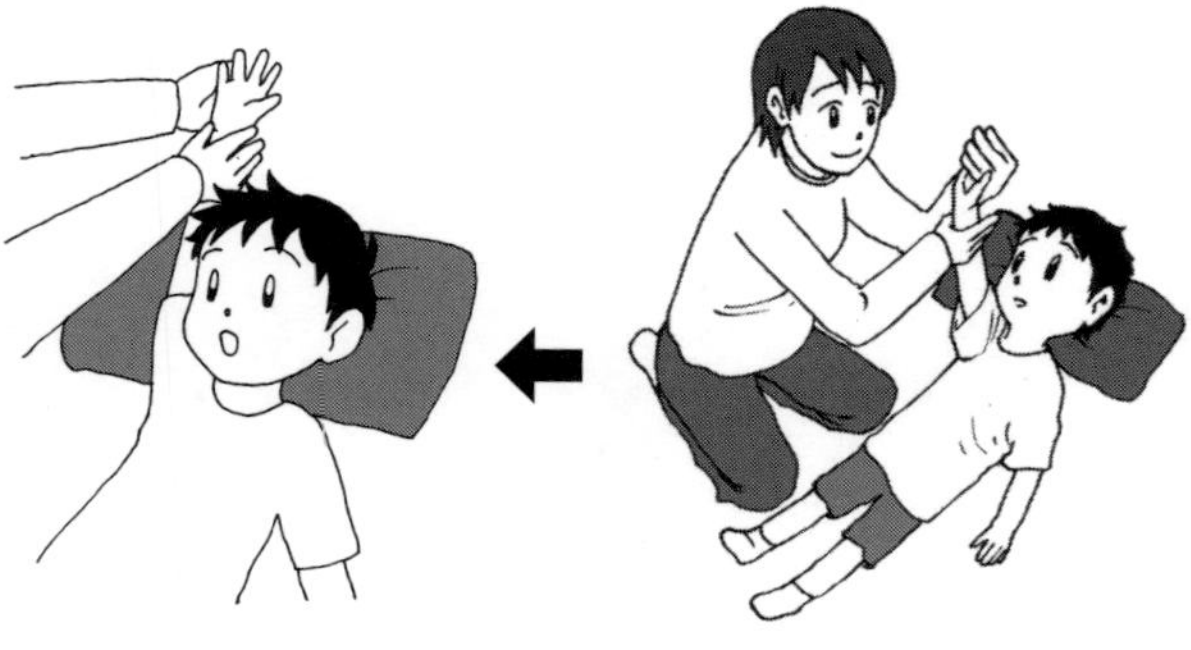

Q51 Question

算数の文章題が苦手です。どういう力を付けていけばよいのでしょうか？

特別支援学級に在籍する小学校２年生です。知的障害を伴う自閉性障害と診断されています。学校での勉強についてですが、足し算や引き算などの数式の計算は普通にできています。ところが、算数の文章題が苦手というか……全然できません。式を立てることさえできれば、後は問題ないと思うのですが。算数の文章題を伸ばしてあげるためには、どんな力が必要となるのでしょうか？

Answer

小林式

とにかく早めの対策をたてることが必要です

文理解の問題では、字を読んで理解するだけではなくて、言われたことを頭の中にためることができないと意味が分からなくなってしまうのです。少なくともワンパラグラフ、場合によってはワンセンテンスだけでも記憶しておかないといけません。情報処理にあたって継時処理を苦手としているのです。

家庭の中での訓練は、何が書いてあったかというのを頭の中に貯蔵することができるようにすること、そして、どうすればイメージ化ができるかということをポイントにするといいですね。大事なことは、ただ字面を追うだけではなくて、動くイメージができるか、ということです。

これはイメージの苦手な子は自然にいくと未発達でとまってしまうものです。だから、特別支援で鍛えていく必要があります。

機械的な記憶の例としていいのが、2年生の1学期にやる九九の暗記です。九九をどう使うかは別問題として、単純記憶で済むわけです。「ににんがし」「にさんがろく」と。だから、機械的な記憶さえよければ「よくお前覚えたな」と言われたりもするんです。でも、どのように使いますか？覚えればいいってものではなくて、それは何に使うのか、数の操作をどう使っていくのかが問題なんですよね。

こういう問題はなるべく早めに対策をたてることが大切です。後になって、分からなくなってから補うのはとにかく大変です。

以前、比較的知的なレベルが高い子どもがいました。この子は小学校（通常学級）に進むことが決まっていたので、幼稚園年中の時期に小学校1年生に学ぶ内容を訓練しました。ひらがなを書けるようにし、10までの計算処理もできるようにしました。さらに、2年生以降になったら必ず文理解困難が出てくると考えられたので、年長の時期にも引き続き、本読み指導、家での読み聞かせ指導を重点的にやりました。

子どもが自分から読みたがればいいのですが、楽しく読めるようにしないといけないので、読んであげるときに抑揚をつけたり、絵本を準備したりして、文章を理解できるように、イメージを持ちやすいようにします。

このようにして、年長クラスのときから、自分から積極的に文章を読み、目を輝かしながら中味が理解できるようにしてから小学校での勉強に入るようにしたのです。

小学校の勉強などは、自閉症スペクトラムの子どもがつまずくところは前もって分かっていますから、早くやっておくことが大切です。一般の子どもなら、それぞれの年代の勉強をポンポンとこなしていきますが、つまずきやすい子どもは時間がかかってしまうので、知的に高い子であっても、通常の10倍くらいは前もってやった方がいいでしょうね。

奥田式

操作しながら覚えましょう

これは国語の問題と考えましょう。算数の課題でつまずいている訳ですが、ことばの理解の複合的な課題のつまずきと言えますね。だって数式は計算できるのですから。

日本だけではなくてどの国の自閉症の子をみても、名詞の語彙は豊富なのに動詞語彙に制限のある子どもが多くいます。

私は、動詞語彙の学習をいかに促進するかを考えています。「**心の理論**」を専門的に研究してきましたが、「心の理論」、つまり相手の心を理解するというのはもっと複雑で、心的な動詞（例えば、思う、考える、思い出す、知っている、知らないなど）を理解させることが難しいのです。動詞の中でも心的な活動は外から見えないからです。しかし、それ以前に自閉症の子どもは外的な動詞（例えば、叩く、あける、書く、押す、加える、比べる）にも制限がみられます。だから、ひたすら動詞の学習を進めていくしかないのです。動詞の学習というのは、絵カードで教えることはしません。「女の子が泳ぐ」ということを、ひたすら静止画で教え込んだところで、機械的な学習は進むでしょうけど、実際には使えません。動いているから動詞なのです。動詞というのは、操作しながら覚えていかなくてはなりません。例えば、「（物を）載せる」というなら、実際に（物を）載せなきゃなりませんし、加えるというのなら実際に加えなきゃなりませんし、取り出すというのなら取り出さなきゃならないわけです。

幼いときから物の名前をどんどん一方的に覚えていく子がいます。これは、カタログ的な知識なのです。親御さんも、子どもがどんどん覚えてくれるものだから、名詞語彙はさらに増えていく一方です。でも、動詞の語彙と実際の操作の結び付きがうまくいくかというと、そこでつまずいてしまうんですよね。それができない子に文章題をひたすら何十問もやらせても、機械的には覚えてくれるかもしれませんが、何が実際に起こっているかということまでは理解できない場合が多いのです。だから動詞語彙をカードで教えるのではなくて、操作と結びつくように教えていかなければなりません。

「読みの理解」とよく言いますが、「読み」というのは二段構えなんです。英語にすると分かりやすいですね。一つは、リーディング（reading）というのはテキストを読んで理解するということ（日本語の音読に比べれば理解という意味も少しは入っています）。もう一つは、コンプリヘンション（comprehension）というものです。これも「読み」という意味なのですが、内容を理解する、つまり読んだ上で中味まで理解する、文脈も含めて理解するという意味です。リーディングができるようになった自閉症児でも、コンプリヘンションが苦手なんです。

「聞き手行動」と言ったりするんですが、例えば「お茶」と言ったら、それを聞いた人は単純にお茶に対して神経がいきますね。そういう理解のレベルから、例えば「イスをうしろ引いてください」という指示の理解。「どうしてイスをうしろに引いたのか？」、それは「赤ちゃんが頭をぶつけないようにするため」という文脈の理解。このように、聞き手としての理解もいろいろな段階があるのです。そういうのに役立つ指導法を、あれこれ作って試しているところです。算数の文章題のことも、式を立てて計算することができるようでしたら、国語（理解）の課題として考えてみてください。

Q52 Question

通常学級での一斉指導は有効なのでしょうか？

高機能自閉症と医者に言われました。通常学級に在籍していますが、２年生になってから、とても勉強内容についていけません。勉強場面でのつまずき、友達関係でのつまずき。振り返ってみれば、すでに1年生のときからいろいろなつまずきがあったように思います。将来のことを考えると、今のまま通常学級での一斉指導で大丈夫なのか心配になってきました。

A Answer

奥田式

個別の支援を考えましょう

ついていけなくなったとき、一番気の毒なのは子どもです。毎日通わなきゃいけない所で、先生が毎日しゃべっていることがだんだん分からなくなっていく、やっていることが分からなくなってくる……。

子どもにとって学校がひたすら嫌悪場面になっていく可能性があります。だから手を打っていくとしたら、子どもにもう一度「学校には楽しいこともあるんだよ」ということを実感させてやることです。そのためにはやはり、「個人の能力に合わせること」「個人のペースに合わせること」「個別指導から集団へ」という三原則を実現することでしょうね。個人の能力、個人のペース、それを個別指導から集団へ。これが**学習を高める三原則**ですからね。

ちょっと考えてみてください。たとえば、スワヒリ語を初めて学習するとしましょう。いきなり、30名の上級者クラスにポンと入れられたらどうなりますか？　先生もペラペラ、クラスメイトもペラペラ、しかも視覚教材も使わずに授業を進められてしまう。一生懸命、まじめに先生の話を理解しようと努力しても、耳に入ってくるのはまったく聞いたこともない雑音。これを毎時間、45分間もやられるとどうなりますか？「一生懸命に聞いても無駄だ」となって、あきらめて別のことを考えてしまったりするでしょう。

でも、学習を高める三原則を守ってくれれば何とかなるものです。リンゴの写真を指差ししながら、先生が何やらゆっくり発語してくれます。それを模倣したら褒めてもらえました。こうやって、個人の能力に合わせてくれて、個人のペースに合わせてくれて、しかも丁寧に一対一で教えてくれるならば、スワヒリ語の学習も進むというものです。

学習を高める三原則を守らないならば、子どもが犠牲になってしまいます。通常学級でも可能な範囲で特別支援をお願いできますが、より小さな集団や一対一の指導が必要なようでしたら、通級学級や特別支援学級の利用も検討してみてはいかがでしょう。

小林式 イメージ化訓練をしましょう

通常学級で勉強についていけないというのは、言われたことばの処理能力、理解能力、それから読んだ文章の中身を理解するという文理解困難、こういったものが絡んでついていけなくなっている可能性が一番高いですね。1年生でもあり得ます。

具体的にどんなことかというと、計算はできるけども文章題はお手上げ、文章は読めるし漢字も覚えるけれども、文の中身の理解が困難であるというのが最も代表的なパターンです。

こうした場合には、イメージ化訓練などを集中的に徹底してやっていく必要があります。イメージを持たせるためには絵本が有効なので、それこそ絵本ライブラリーからスタートするといいですね。文字が少なくて絵が多い絵本から始めて、だんだんと文字が増えて絵が減っていくようにします。

一般の子どもが10冊の絵本を読むことで一つの段階を上

がっていくとしたら、こうした子どもの場合は一つの段階を上がるために100冊ずつ見ていく感じです。これくらいのステップを踏むつもりで、みっちりとやらないと読んだものをイメージ化する力は育ちません。

算数では問題を分かりやすい形にするために円を書いたり、線を引っ張ったりしますよね。例えば、3＋2＝5なんていうのも、小学校のドリルとかでは、文章が書いてある横にリンゴが出てきたりして、それを数えながら合わせていきます。知的に遅れのない平均的な広汎性障害の子どもの場合は、こういうものを一通りやってもコツをなかなかのみこめません。百倍くらいやっていかないとクリアできないのです。

これを誰がどういう形でやるのか、家庭でやるのか、通級学級でやるのかという問題が出てきます。通級学級に週1、2時間通っていたとしても間に合うものではありません。まずは家庭でどこまでカバーできるか、親がそれに対応できるかどうか、そのために使える時間はどれくらいか、ということをきちんと整理してアセスメントしなければいけません。

Q53 Question

教室で騒ぐ児童に、何かよい指導法はありませんか？

特別支援学級を担当している教員です。私の学級に通っている小学1年生の児童が、非常に騒がしくて困っています。特に緊急性や危険性はなく、常同行動を繰り返すような感じで、ただ騒々しいだけなのですが、どうしたらよいでしょうか？　叱っても無駄な気がしますし、かといって放っておくのもどうかと悩んでいます。

A Answer

小林式

悪女の深情け法を実行してみましょう

動作の反復によって、友達の活動を妨害している子どもを何とか止めたいと考えたとき、「叱る」以外に方法がないと思いがちですよね。

例えば、子どもの手を押さえながら、「もっと静かにしてください、ダメですよ、そんな悪いことすると手をパチンするよ」と叱ったとします。このような方法でも、一時的に子どもの行動を止めることができますが、時間が経つと困った行動はまた始まってしまうでしょう。

このような場合、私は「行動を止めるお手伝いをしてあげましょう」という**悪女の深情け法**という方法を薦めています。子どもが何かしているときに、先生が子どもの手を一緒に持って、「先生と一緒にやろう」と働きかけてみます。そうすると子どもは、自分の思い通りの動きができずに嫌がります。「やめて～」と手を引っ張ったり逃げたり抵抗しますが、先生はすぐに引き下がらずやめないように心掛けます。「まぁ、そう言わずに手伝ってあげるからね」

と少し無理矢理でもしばらく続けてみます。そして、子どもが嫌がっている様子がはっきりと見えてきたら、「もっとやりたい？」と、悪女のごとく色っぽく、優しく聞いてみます。すると子どもは「やだやだやだ～」と反応しますが、そこでもまだ引き下がらずに、「またやりたくなったらいつでも手伝ってあげるからね～」と、嫌みったらしく言ってみます。嫌みったらしく言った後で、手を離します。子どもは「ホッ」として自由を満喫するのです。

ここでは「またやりたくなったらいつでも手伝ってあげるからね～」と嫌みったらしく言うのがポイントです。いじわるなお姑さんが、皮肉たっぷりにお嫁さんにアドバイスする場面を想像してみてください。悪女になったつもりで、子どもの骨の髄まで響くようなイメージで言ってみましょう。

この方法が俗称、**悪女の深情け法**です。正式な用語では**強制反復法**と呼んでいます。

奥田式

こだま法でデュエットしてみましょう

こうした子どもの行動を目の前にすると、叱って止めさせようとする親御さんがたくさんいます。危険性がある場合には、危険回避のための介入を考えなければならないのですが、今回のように「ただうるさいだけ」という場合は、小林先生の悪女の深情け法と同様の方法を行なうことがありますね。「叱ってやめさせよう」という発想ではないところが、小林先生と共通しています。

子どもが騒ぎ始めると、まずは子どもの発声をまねして、お邪魔虫になってしまいましょう。そうするために**こだま法**を利用します。

例えば、子どもが歌っていたら強引にデュエットしてみます。子どものまねをしながら、子どもよりもやや大きな声で、隣に寄り添って一緒に歌ってみます。ほとんどの子どもは嫌がりますね。それでも、躊躇《ちゅうちょ》せず「そんなに歌うんだったら、一緒に歌おうよ！」という感じで接し続けます。

邪魔して止めさせたことになりますが、邪魔の仕方が意地悪ではありませんよね。でも嫌みったらしいところはありますので、悪女の深情け法と同じですけどね。

学校の中で「コラー！　静かにしろ！　いつまで騒いでいるんだ！」と叱るより、こんな方法をとると、よっぽど自然に収まりますよ。みんなのいる前で歌うと先生にデュエットで邪魔されるけど、どこか一人になったときに歌えば邪魔されないということを学習させるような感じです。ちょっと嫌みな態度を子どもに対してするのは構わないと思います。子どもの行動に応じてやっているわけですからね。

Q54 Question

家庭での余暇の過ごし方にはどんなアイデアがありますか？

現在小学校６年生になる子どもです。将来のことを少し考えて、少しでも自立させたいと考えています。学校ではやることが決まっているので安定して毎日通っていますが、家にいて、週末など学校がない日にやることがなくて持て余しているようです。このような子どもに対して、どんなふうに何をやらせたらよいのでしょうか？

A nswer

奥田式

子どもの興味・関心から活動を拡げましょう

余暇は本人の好みに基づいていなければならないので、その子どもの好みに合わせるということが大事ですね。やることがなくて時間を持て余しているというのはかわいそうな状態なので、子どもの好みに合うものを探してあげましょう。

余暇は、大きく三つの活動に分けられるでしょう。一つ目は、自立や将来の生活にかかわるような余暇です。食事や料理、買い物などですね。二つ目は、運動やスポーツに関する余暇です。三つ目は、芸術的活動に関する余暇です。絵を描くのが好きな子もいれば、字を書くのが好きな子もいます。写真を撮るのが好きな子もいるでしょう。

最近はデジカメで簡単に撮影ができますし、写真が成功したか失敗したかもその場ですぐに確認できますよね。しかも、家に帰ったらデジカメ専用プリンターで、今日撮ったものをすぐにプリントして、ファイルすることもできます。プリンターやパソコンの操作も教えてあげると活動が拡がりますよね。電車が好きな子どもさんなら電車の写真ファイル、虫が好きな子どもさんならオリジナルの虫図鑑など、うまく子どもの興味・関心につなげれば最高です。

例えば、写真と調理と組み合わせてもいいでしょう。調理をして、その料理をデジカメで撮影します。それをパソコンに取り込んで、「今日はこんな料理を作りました」と日記やブログにまとめてもいいですね。レシピを見ながら作って終わりにするのではなくて、作った後にもう一度、自分でレシピを書くという感じです。こうやって持て余していた時間帯を少なくしていくのです。自作のレシピをファイルして、レシピ本を作らせてみるのも良いでしょう。私の支援した子どもさんの中には、調理科に入った時点でトップクラスの調理データベースを持っていると褒められた子もいました。

天気図が好きな子どもでしたら、週末には必ず1週間分の新聞の天気図をはさみで切りとって、ファイルに糊付けして、スクラップブックみたいなものを作ってみます。すると、天気図をどんどん覚えて、天気にも詳しくなっていきます。

とにかく余暇の過ごし方については、いろいろな支援が考えらますね。

性格によっては「新しいこと？　何か楽しそう！」みたいな感じでやる子どももいますが、どちらかというと新しいことをするのが億劫で苦手な子どももいます。未経験なことに対して億劫になる人がいるのは確かです。それでも、「一緒にやってみようよ！」と積極的に誘いかけてみて、最終的にレパートリーを拡げてあげられるようにしましょう。やってみると案外好きになるなんてこともあるわけですから。

ポイントは、最初は押し付けがましいかもしれないけれども、新しい余暇活動を経験させてあげること。そして、それが本人にとって楽しいと感じられるように導いてあげることです。最終的には、本人がいくつかの余暇活動レパートリーの中から選べるようにしてあげればいいのです。

小林式

一緒に料理をしてみましょう

余暇をどうするかという問題は人それぞれ違いますよね。

現在、管理栄養士で活躍する自閉症者で30代の女性がいるのですが、この人は小さいときから何か作るのがすごく好きでした。

6年生くらいの子どもでしたら、余暇をあまり意識しすぎなくても、どんどん自分で活動のレパートリーを拡げていく時期だと思いますので、その活動の中で、将来使えるくらいまでに腕をあげられるような活動がみつかるといいですね。

私は、余暇というものは、まず何が好きかということを基礎にすればいいのだと思います。

具体的には「泳ぐことが趣味」という場合には、プールの利用方法、冬場の温水プールの使い方、プールでの基礎体力のつけ方などを考える必要がありますね。趣味とか余暇といっても、身につけておかなければならない基礎スキルがあります。

サバイバルスキルなどの面においては、調理のスキルなどが有効です。調理を通して家庭内の役割りを自覚し、留守番のときもきちんと自分の食事や、家族の夕食の準備ができるようになったら素晴らしいですね。それから、ある程度訓練すれば、調理の本を参考に、いろいろな料理を作れるようになってきます。

ですから余暇において私が推奨するのは調理関係です。訓練の手順もありますが、カレーが好きな子どもなら、ご飯をたくこと、それからレトルトのカレーを電子レンジやお湯で温めたりすること、このスキルが身につけば、誰もいなくてもきちんと昼ご飯が食べられるわけです。この段階ができたなら、次のステップとして、材料をお店で買ってくるなど、同じカレーでも調理活動の範囲を拡げていくことが可能になります。今どこのレベルにあるか、その次のステップアップは何をするのか、何をしたらいいのか、将来的にどんなスキルを身につけて欲しいのか、こういうことを考えていけばいいと思いますよ。

■奥田式お薦めの本

『自閉症へのＡＢＡ入門―親と教師のためのガイド』（東京書籍）
シーラ・リッチマン著　井上雅彦／奥田健次監訳　テーラー幸恵訳

自閉症についての基本的な理解をするための入門書です。また、応用行動分析（ＡＢＡ）についても分かりやすく具体的な例を豊富に紹介し、自閉症児へのＡＢＡの実践を開始しようと考えている読者には、必読の教科書です。きょうだいへのかかわりなど、最近注目されているトピックについても、幅広く解説されています。

『行動変容法入門』（二瓶社）
レイモンド・Ｇ・ミルテンバーガー著　園山繁樹／野呂文行／渡部匡隆／大石幸二訳

読み応えのある教科書ですが、行動変容法がいかに役立つか、基本原理をしっかり学ぶために最良の参考書として薦めています。前半は、心理学について、後半はかなり実践応用に役立つことが解説されています。読み飛ばさずに、時間をかけてじっくり読むといいでしょう。

『行動分析学入門』（産業図書）
杉山尚子／島宗理／佐藤方哉／リチャード・Ｗ・マロット／マリア・Ｅ・マロット著

こちらの教科書もかなり読み応えのある１冊ですが、ストーリー展開が読みやすさを助けており、読書に自信のある方にはぜひとも薦めています。入門書といっても、中盤からかなり高度な領域も扱っており、何度も読み直して行動論的視点に立ち帰る必要があるでしょう。取り上げられているデータの多くが、実際に発表された治療や指導の成果を分かりやすく解説していますので、子どもの指導や対人援助に必ず役立ちます。

■小林式お薦めの本

『応用行動分析学入門―障害児者のコミュニケーション行動の実現を目指す』（学苑社）
小林重雄監修　山本淳一／加藤哲文編著

発達障害者への応用行動分析の適用について、分かりやすく書かれたものです。とくにコミュニケーション行動の分析とそれに基づく援助について、事例研究も含めて解説しています。専門的・理論的展開への手がかりも示しているところが特徴です。

『自閉性障害の理解と援助』（コレール社）
小林重雄／園山繁樹／野口幸弘編著

自閉性障害についての医学的・心理学的情報と行動論的なアプローチを概観し、基本的スキルの習得から社会的自立に向けて、事例研究を取り入れながら支援の基本的な方策を解説した「理解と援助」シリーズの１冊です。

『自閉症スペクトラム児・者の理解と支援―医療・教育・福祉・心理・アセスメントの基礎知識』（教育出版）
日本自閉症スペクトラム学会編

日本自閉症スペクトラム学会に所属する44名のメンバーによる著作です。「自閉症スペクトラム支援士」の資格認定制を導入するにあたって、スタンダードな知識としてはどの範囲で、どの程度の事柄が要請されるであろうかという問いかけが行なわれました。そして、それぞれの領域の専門家が、その問いに答えたものをまとめています。

あとがき

　私から見た小林重雄先生とは、大らかな祖父のような頑固な親父のような尊敬するボスのような、はたまた年齢の離れたオトモダチのような存在です。初めて「生コバ」を目の辺りにしたのは、私がアメリカから帰ってきて何も知らないままに上越教育大学で開かれた日本行動分析学会年次大会に参加した日の、小林先生による理事長講演です。それまで、すでに小林先生の著書・論文などはかなり読んでいましたので、「おお、これがかの有名な小林先生か！」といったミーハーな感動がありました。講演を勝手に録音し、ホテルに戻って何時間もかけて、ドスの利いているわりに聞き取りづらい先生の声を勝手にテープ起こししたものは、今でも私の研究室に残っています。

　その後、数年間は遠い存在のまま、私は関西を中心に行動療法の修行をしていました。大阪では、小林先生のライバルのような存在の、佐久間徹先生のところで学ばせていただきました。また、星優クリニックでは谷晋二先生から数多くのケースを与えられ、これでもかというほど鍛えられました。同時期、兵教大でまだ井上雅彦先生が若手バリバリの助手だった頃、昼夜を問わず臨床研究に没頭していて、これもまた疲れ知らずの生産工場という感じでした。

　小林先生との直接コンタクトは、この頃に北海道大学で開催された別の学会の大きな特別講演のときでした。「絶対に質問するぞ」と意気込んで出席し、質疑応答の掛け声と同時に挙手し、質問をさせていただきました。およそ上越教育大学のときと同じ趣旨の講演でしたので、こちらもいろいろ調べ尽くしているだけあって、「小林先生のフリー・オペラント法のご理解には、誤解があると言わざるをえません！　フリー・オペラント技法のそもそもの目的は……」などと、かなり生意気な発言だったに違いありません。小林先生の直系の（?）弟子の先生方は、私の遠慮のない発言に少し面食らったようです。

質問をしっぱなしでサヨナラするつもりもなく、論戦の続きをやろう（殴られてもいいや）と思って、この講演終了後、そのまま小林先生のところに駆け付けてまずは非礼を詫びました。すると、ここが小林先生らしいところなのでしょうが「一緒に飲みに行きましょう！」と声をかけて下さいました。お付き合いしましたが、ソフトボールと犬と奥様の話ばかり聞かされ、論戦どころではありませんでした。

その数か月後、行動療法学会に投稿した論文が表彰されることになりました。その頃の私は、大学院を出た直後で嘱託心理士とクリニックでの仕事をいろいろ掛け持ちしているような状況でした。そんな私の自宅に、ある日、電話が鳴りました。聞き覚えのあるドスの利いた声。「私、小林です。覚えていますか？」というご挨拶。覚えてるも何も、レジェンドからの突然の電話にただ戸惑いました。「中国地方の山奥に来る気はありますか？」という遠回しな質問でしたが、要するに中国地方の私大で大学院を設立するからスタッフとして来いということでした。後先のことを考えずに引き受けました。「生意気な発言をしたままの関係で終わっていたはずなのに、その生意気な小僧を招くかねえ」と、小林先生のフトコロの大きさにイチコロでした。

同じ職場にいた頃には、小林先生とはよいお仕事をさせてもらいました。一緒に同じケースにも入らせていただき、小林先生の熟年の技を見ることも何度かありました。「これがレジェンドか！」「そういう裏技があるのか！」などと、勝手に感激することもありました。東京ドームを借り切ってソフトボール大会をしたときは張り切りすぎて暴投してしまい、小林先生の横断幕を破ってしまってすみませんでした。

岡山大学で開催された日本行動分析学会年次大会では、私が企画した公開バトルが採用され、今でもこのバトルは伝説に残る最高の盛り上がりだったと言われています。私の関西風セラピーをＶＴＲで公開し、小林先生に逐一コメントをいただくという企画でした。「そんな方法を使うとは何事だ！」などと小林先生。「このほうが子どものノリが良いんですよ！」と私。「あなたの方法は認められない！」と、さらに会場を盛り上げようとする小林先生。私も一歩も引かずに「小林先生みたいな関西のうどんの美味さを知らずに東京のうどん食べて満足している人に、認めてもらわなくても結構ですわ！」と即興で応酬しました。満員だった会場は、学術大会とは思えないほど、ドッカンドッカン爆笑の渦でした。

こんな感じで、小林先生とは弟子以上に親しいお付き合いをさせていただき、前の職場を辞めるところまでご一緒してしまったわけです。心ならずも中国地方の片田舎を去るときに、何とかしてこの「東西うどん対決」のような仕事を残せないか、それに小林先生の「教科書には書けない面白い理論」を文字に残せないか、私の「関西秘伝の命のダシの技法」も紹介できないか考えたのです。

それが本書です。本書の仕事を進行させる過程でも、小林先生とはケンケンガクガクやりましたし、やはり臨床家として共通するところも多々ありましたし、著者らが何より楽しくこの仕事をさせていただきました。質問には私と小林先生が交代交代に答えました。普通の臨床家なら、小林先生の前に回答するのは勇気のいることでしょうが、普通でない私としては先攻も後攻もそれぞれワクワクするものでした。いくつかの質問に答えた後、小林先生が「あなた、なかなかやりますねぇ！」「奥田先生がこんなに話し上手だったとは！」と褒めてくださることもありました。率直にうれしいのですが、へそ曲がりな私は「え？　今頃になって気付いたんですか！　遅すぎますよ！」と、かわいらしくないことを言っています。それなのに、まだまだかわいがってくださっているのはありがたいことです。私は世界中を駆け巡っていますが、臨床の細かな技法についてレジェンドと話し合うたびに、日本人の仕事の細かさや技術の高さには感動すら覚えます。

奥田健次

◇　◇　◇

学会きっての関西系のお笑いの人（奥田氏）と、江戸系の寄席芸の人（小林）が一緒に談合するスタイルの本を作りたいという申し入れに、思わず「これは面白くなりそうだ」とのってしまってできたのがこの本なんです。

いわゆる学術的な本では「シンクロナイズの原理」とか「バルーンの原理」、それに「アメ横スルメ法」とか「悪女の深情け法」といった俗っぽい命名の技法はのせにくい。「元気の出る本」なら没にならないだろうし、もっと俗っぽい命名の方法を持ち出す人もいるのだから問題なしと判断しました。

無鉄砲で新米の若僧が吠えまくる姿は素晴らしい。この若僧がむきになって子どもとつき合っていることが感じられると、更にうれしくなります。次の一手が分からなくなると、世界の文献の中にヒントがないかと探す姿はまた素晴らしい。見つからないときでも先輩とか先生に尋ねるようなことをしないところが図々しいし、そしてかわいらしい。この人の生育史は理想的でなかったんだろうな。自分しか信じられないのかなあと思ってしまう。

とにかくこのとんでもない二人の著者は、多動症（ADHDの診断はいただいていないが）である。これまでの二人の生育史をチェックしてみると、選択性緘黙（幼稚園で無発語）、チック（神経性習癖）、吃音、虞犯、不登校、無断外出（家出）などなど枚挙に暇がないことがわかってきます。いろいろとやっているんです。このことは、どんな相談が舞い込んでもびくともしないというか、仲間としての親しみを感じて、その上で話をじっくりお聞きしますということになる。お嬢さん育ちやお坊ちゃん育ちの臨床家とは、よくも悪しくも相当の違いがあることは間違いがないといえるでしょう。

相談にあたっての二人の共通点は、相談されている本人と関連する周りの方々（親や他の家族・先生・友達など）がどんな風に困惑し、なす術を見出せずにいらいらしているかをはっきりさせ、具体的な解決に向けての方法を編み出すことに立ち向かっているところです。その編み出す方向は、皆が元気に取り組むことができ、本人の将来の自立に役立つ手順がきちんと想定されていることにこだわることにあるのです。

この本を仕上げるにあたって、もっとも骨を折り、途方にくれ、そして企画の成否に疑問を感じてきた人が学苑社の杉本哲也氏であったと思います。普通の顔をして著者二人にしっかりとつき合うことができたことは、きっとすごい人なんだとつくづく感じています。本当にありがとう、ご苦労様でした。杉本君！

小林重雄

著者紹介

奥田　健次（おくだ　けんじ）

兵庫県出身。わが国において家庭出張型セラピー『自閉症児のための家庭中心型指導（home-based intervention）』を開始した草分け的存在であり、ＡＢＡソリューションを立ち上げ、日本のみならず世界各国からの治療要請に応えている。行動上のあらゆる問題を解決に導くアイデアと技術、斬新で緻密な指導プログラムがメディアからも注目され、ドキュメンタリー番組などでしばしば紹介されている。1999年、内山記念賞（日本行動療法学会）を受賞。2003年、日本教育実践学会研究奨励賞受賞。専門行動療法士、臨床心理士。2005年4月より、桜花学園大学人文学部准教授などを経て、現在、同大学院客員教授。学校法人西軽井沢学園理事長。法政大学大学院、愛知大学文学部、早稲田大学人間科学部など、各地で非常勤講師として教鞭を執る。2008年、第４回日本行動分析学会学会賞（論文賞）を受賞し、わが国初の行動療法と行動分析の２つの学会でのダブル受賞者となった。2012年に大学を早期退職して、長野県内に学校法人を創立し、日本初の行動分析学を用いたサムエル幼稚園を2018年に開園。さらに「いじめ防止３Ｒプログラム」を日本で初導入する「さやか星小学校」を2024年に開校した。主な著書：『自閉症スペクトラムへのＡＢＡ入門―親と教師のためのガイド』（監訳、東京書籍）、『メリットの法則―行動分析学・実践編』（単著、集英社）、『拝啓、アスペルガー先生【マンガ版】―異才の出張カウンセラー実録』（原作、飛鳥新社）、『世界に1つだけの子育て教科書―子育ての失敗を100％取り戻す方法』（単著、ダイヤモンド社）、『マンガ 奥田健次の出張カウンセリング―自閉症の家族支援物語』（原作、スペクトラム出版社）、『いじめられっ子の流儀―知恵を使ったいじめっ子への対処法』（監訳、学苑社）、『いじめ防止の3R ―すべての子どもへのいじめの予防と対処』（監訳、学苑社）など。

小林　重雄（こばやし　しげお）

東京都出身。1968年にわが国ではじめて自閉症児への行動療法導入を山形で開始（同じ年に梅津耕作氏が東京で開始）する。山形大学（10年間）、東京教育大学（２年間）、筑波大学（21年間）を通して、優秀な学生、研究生、地域の方々に恵まれて画期的な山形方式・筑波方式を生み出し、結果として韓国、台湾も含み日本中に多くの研究者、臨床実践家を送り出している。1979年に10年間の集大成としての博士論文「自閉症児の治療教育に関する行動論的アプローチ」を提出(教育学博士取得)。アセスメント領域の仕事として DAM(人物画知能検査)、ウェクスラー知能テストなどの評価法の標準化の作業にもかかわったが、多領域の臨床活動へのこだわりが中心にあった。1999年に筑波大学を定年退職（筑波大学名誉教授）し、吉備国際大学（臨床心理相談研究所長）、ノートルダム清心女子大学（児童臨床研究所長）と臨床実践に関連する研究・教授活動を続けてきた。そして、名古屋経済大学教授（人間生活科学研究科）として６年間勤務し、48年間の大学教官のポストから引退した。なお、自閉症スペクトラムを中心とした発達障害の臨床実践への取り組みは、小牧発達相談研究所の所長として継続している。平成27年春の叙勲で瑞宝中綬章を授与。主な著書：『自閉症―その治療教育システム』（単著、岩崎学術出版社）、『自閉性障害の理解と援助』（編著、コレール社）、『応用行動分析学入門―障害児者のコミュニケーション行動の実現を目指す』（監修、学苑社)。『DAM グッドイナフ人物画知能検査［新版］』（三京房）『新版 CLISP-dd −トップダウン編／ボトムアップ編』（監著、千葉テストセンター）など。

自閉症児のための
明るい療育相談室

2009年5月20日　初版第１刷発行
2025年9月１日　初版第12刷発行

著　　　者　奥田健次・小林重雄
発　行　者　杉本哲也
発　行　所　株式会社　学　苑　社
東京都千代田区富士見2－10－2
電　　　話　03(3263)3817
Ｆ　Ａ　Ｘ　03(3263)2410
振　　　替　00100-7-177379
印刷・製本　藤原印刷株式会社

ISBN 978-4-7614-0721-6